中國学術思想 研究輯刊

七 編

林慶彰 主編

第 6 冊

蔡沈《書集傳》研究

游均晶 著

花木蘭文化出版社

國家圖書館出版品預行編目資料

蔡沈《書集傳》研究／游均晶 著 — 初版 — 台北縣永和市：
花木蘭文化出版社，2010〔民99〕
序 2+ 目 2+154 面；19×26 公分
（中國學術思想研究輯刊 七編：第 6 冊）
ISBN：978-986-254-165-4（精裝）
1.（宋）蔡沈 2.書經 3.學術思想 4.研究考訂
621.117 99002191

ISBN - 978-986-254-165-4

9 789862 541654

中國學術思想研究輯刊
七 編 第 六 冊 ISBN：978-986-254-165-4

蔡沈《書集傳》研究

作 者 游均晶
主 編 林慶彰
總 編 輯 杜潔祥
出 版 花木蘭文化出版社
發 行 所 花木蘭文化出版社
發 行 人 高小娟
聯 絡 地 址 台北縣永和市中正路五九五號七樓之三
電話：02-2923-1455／傳眞：02-2923-1452
網 址 http://www.huamulan.tw 信箱 sut81518@ms59.hinet.net
印 刷 普羅文化出版廣告事業
封面設計 劉開工作室
初 版 2010 年 3 月
定 價 七編 24 冊（精裝）新台幣 40,000 元

蔡沈《書集傳》研究

游均晶　著

作者簡介

游均晶，臺灣桃園人，一九六九年十二月生，東吳大學中國文學研究所碩士。現任長庚大學中醫系兼任講師，專研《醫古文》與中醫文獻學。著有《蔡沈書集傳研究》，編有《經學研究論著目錄》（1988~1992）、《乾嘉學術研究論著目錄》，《點校補正經義考・論語》第七冊等書。

提　　要

　　《書集傳》六卷，為南宋蔡沈所著，注解《尚書》詳盡可考，為朱子嫡傳，為宋代以來最重要的《尚書》著作。蔡沈《書集傳》的成就特出於宋儒，建立了注經的新典範，影響頗為深遠，為元明清三代科舉所用注本，為研究宋人《尚書》學不可或缺的重要書籍。

目

次

自　序

　　一九八八年，我考入政治系，由於貪多求全的性格，頗留意於各色書籍，幾乎不想畢業。也許正如阿瑟・韓波所說，「真正的生活，總是在他方」。四年後，進入中文研究所，從此買進書籍更加方便，我自然不放棄大學時代的閱讀興趣和驕傲的想像，忽爾搶看西奧・安哲羅普洛斯（Theo Angelopoulos）的新片。忽爾練習新得的舒曼琴譜，忽爾關心《欣樂讀》的出版情況，忽爾隨著賞鳥地圖走走看看，沾沾自喜於三年閱聽了近千部電影，彷彿自己是個全方位的人，這也可能，那也可以，實則一事無成。

　　直到跟隨林慶彰老師編輯《經學研究論著目錄》（西元 1988～1992 年）、《乾嘉學術研究論著目錄》，聽到老師年復一年地感歎編輯工具書是「智者不肯為，愚者不能為」的苦差事，卻總是孜孜不倦地為經學服務，陸續主編了《朱子學研究書目》、《楊慎研究資料彙編》、《中國經學史論文選集》、《日本研究經學論著目錄》、《姚際恆著作集》、《經學研究論叢》等書。在跟隨林老師學習的過程中，我感受了另一種不同於「抒情時代」的學術氛圍，令人感覺充實而美好，才嘗試將自己過度理想化的性格平衡在學術的承諾上，正如甘姆（Adrian vankaam）的《宗教與人格》（Religion and Personality）所說：

> 所有真正的專一，都含有必須放棄某事的成分。生命之內便含有死亡：人如立志度一種生活，則必須死於另一種生活。所有「專一」一律為「放棄」所滲透；一切承諾莫不為刻苦所浸潤，而所有自由都含有紀律在內。

　　近四年來，特別感謝程師元敏、林師慶彰的提攜和愛護，二位老師教學的熱忱，就如同每逢開學，程老師總對在座學生說的：「繡將鴛鴦平均看，且

教金針度與人，吾道東矣最好。」可惜我的才性與努力俱不足，辜負了老師的期望。本文撰寫過程中，承蔣秋華先生、張廣慶、陳恆嵩二位學長惠示意見，及林帥月、張曉生、馮曉庭、許維萍、陳明義、楊菁諸學長的雅意，汪嘉玲、張惠淑、侯美珍三位「戰友」的扶持，可瓊、美如、鴻潔、朝欽、善村、潔玲、重遠、詩盈、李皮、華明、華昕、淑文、樂樂、淑蕙的關懷，謹致上最深的謝忱。

一九九六年六月游均晶序於龜山

圖版一：《蔡氏九儒書・九峰公像》

（清同治七年旴南蔡氏三餘書屋重刊本，現藏臺灣大學圖書館）

圖版二：《朱文公訂正門人蔡九峰書集傳》

（南宋淳祐十年呂遇龍上饒郡學刻本，現藏北京圖書館）

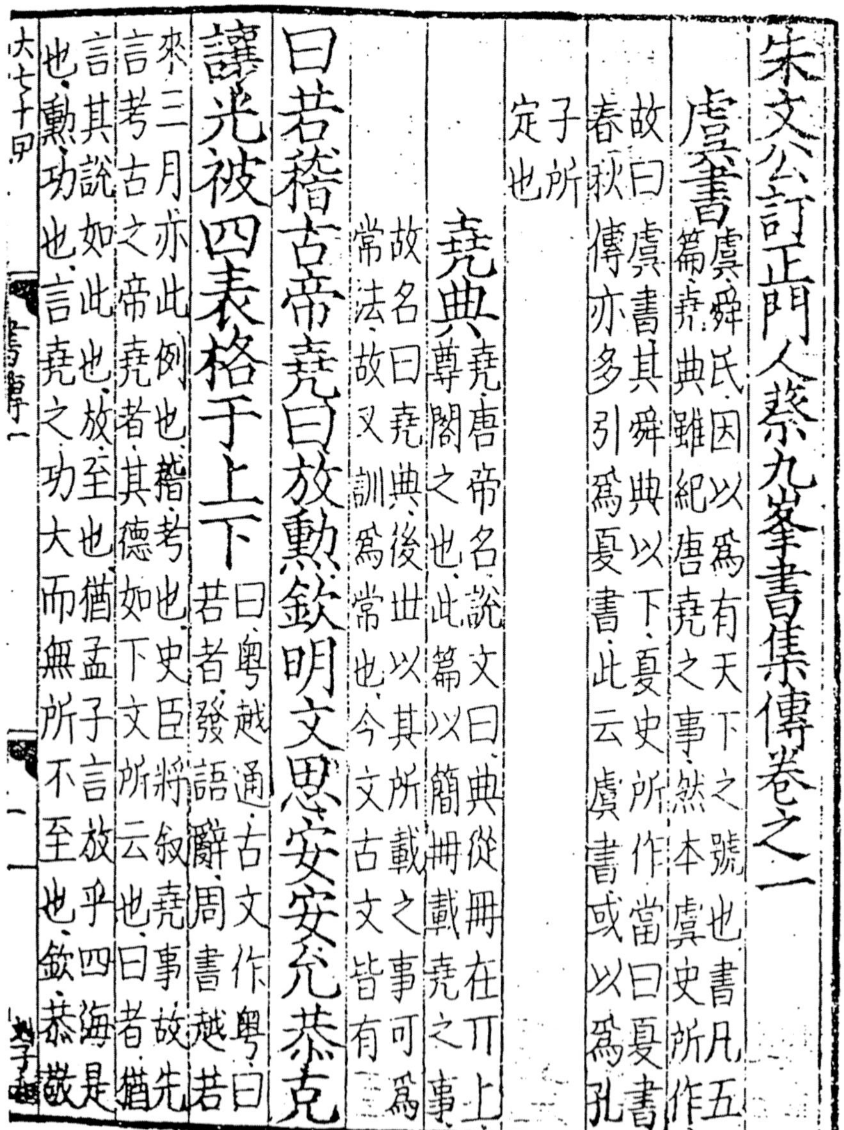

朱文公訂正門人蔡九峯書集傳卷之一

虞書　虞舜氏因以為有天下之號也書凡五堯典雖紀唐堯之事然本虞史所作故曰虞書其舜典以下夏書之事史所作當曰夏書春秋傳亦多引為夏書此云虞書或以為孔子所定也

堯典　堯唐帝名說文曰典從冊在丌上尊閣之也此篇以簡冊載堯之事故名曰堯典後世以其所載之事可為常法故又訓為常也今文古文皆有

曰若稽古帝堯曰放勳欽明文思安安允恭克讓光被四表格于上下

曰粵越通古文作粵若者發語辭周書越若來三月亦此例也稽考也史臣將叙堯事故先言考古之帝堯者其德如下文所云也曰者猶言其說也如此放至也猶孟子言放乎四海是也勳功也言堯之功大而無所不至也欽敬

圖版三：《書集傳》

（南宋刊八行本，現藏國家圖書館）

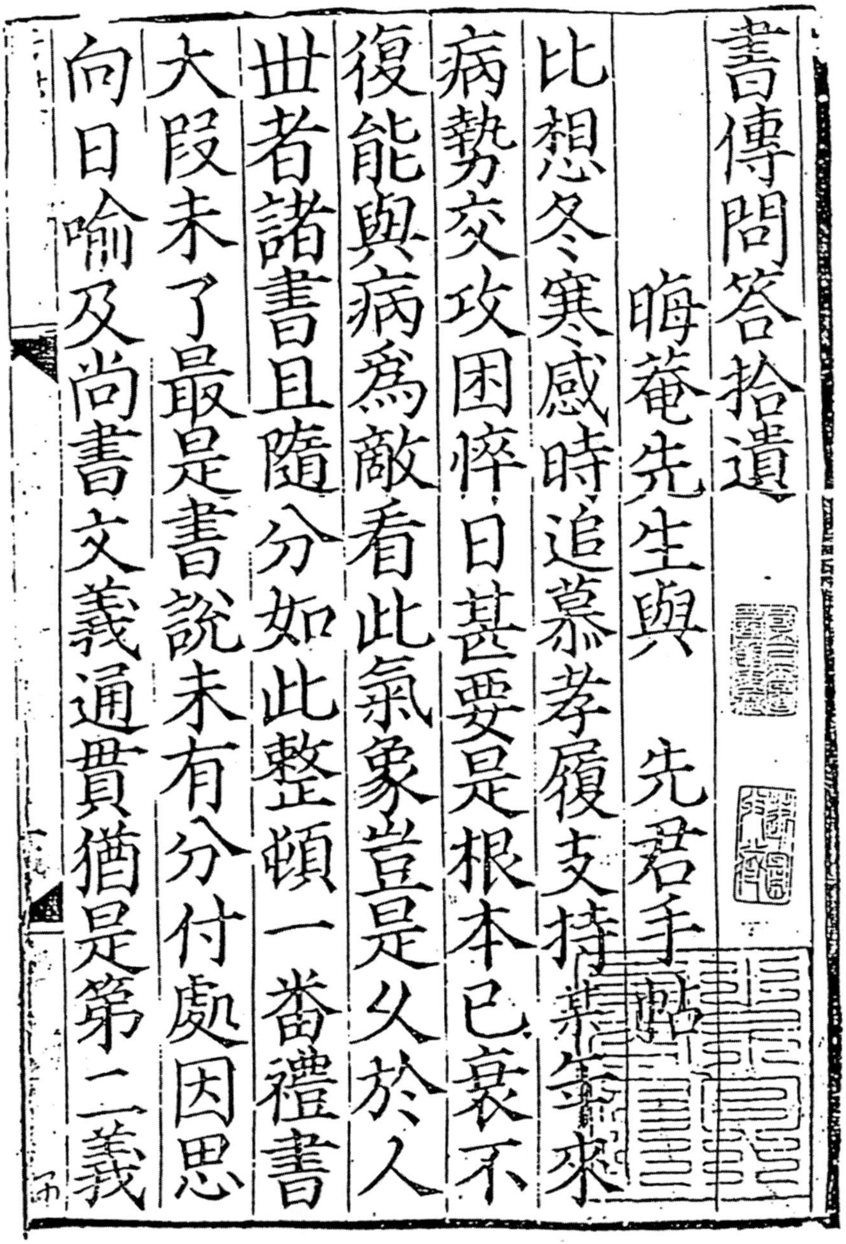

書傳問答拾遺

晦菴先生與　先君手□□□□□來

比想冬寒感時追慕孝履支持□□來

病勢交攻困悴日甚要是根本已衰不

復能與病為敵看此氣象豈是久於人

世者諸書且隨分如此整頓一番禮書

大叚未了最是書說未有分付處因思

向日喻及尚書文義通貫猶是第二義

書卷第一

朱子訂定蔡氏集傳　後學新安陳櫟纂疏

虞書　虞舜氏因以為有天下之號也書八五篇堯典雖紀唐堯之事然本虞史所作故曰虞書其舜典以下夏史所作當曰夏書春秋傳亦多引為夏書此云虞書或以為孔子所定也

堯典　堯唐帝名說文曰典從册在丌上尊閣之也此篇以簡册載堯之事故名曰堯典後世以其所載之事可為常法故又訓為常也今〔篆疏〕文古文皆有

呂氏曰二典如易之有乾坤○丌巨基反愚按丌即今板閣形也典字册在丌上在六書為象形

曰若稽古帝堯曰放勳欽明文思安安允恭克讓光　曰粵越通古文作粤曰若者發語辭周書越若來三月亦此例也稽考也史臣將敘堯事故先言考

被四表格于上下　古之帝堯者其德如下文所云也若者猶言其說如此也放至也欽恭敬也明通明也乎四海是也勳功也言堯之功大而無所不至也欽恭敬也明通明也明用也文文章也思意思也文著見而思深遠也安安無所勉強也言其德之美皆出於自然而非勉強所謂性之者也允信克能也常人德非性有物欲

一

圖版五：《書蔡氏傳輯錄纂註》

（元至正十四年建安翠巖精社刊本，現藏國家圖書館）

書蔡氏傳輯錄纂註凡例

一按父軒蔡氏指淳祐經進本錄朱子與蔡仲默帖及語錄
數段在前今各類入綱領斷錄內以便觀覽

一是書以朱子為主故凡語錄諸書應有與經相關者糜
不萬做做例名曰輯錄附蔡傳之次或有與蔡傳不
合及先後說目相同異與亦不散退庶可備參效其甚
異者則略之

一朱子語錄諸書有總論　經及雜舉諸篇次以分附各處
者別為綱領　一卷置之恢首亦讀是書者所宜先知

一增蔡諸家傳註或推蔡氏所本或發其所未盡或補其所
不及大約以經文為序訓詁居先釋經義者次之流傳義
及釋音又次之己說處末名曰纂註以附于輯錄之後

一增蔡諸家之說或節取其要語其有文勢未融貫與與夫
辭旨未條暢頗做集註例頗加櫽括并用其意定之

一輯錄纂註中多折衷歸一者甚或同異並存與妨備一說
尠喜讀者詳擇焉

一經文音釋大際如陸氏釋文共有與古註異處頗讀蔡傳可
知亦有閒見蔡傳又斬錄纂註中今只於傳內除文理房
音不可求者按諸家字書及切附註焉

一諸本蔡傳脫誤字句今依二程氏本補正凡五十餘尠

圖版六：《書蔡氏傳旁通》

（元至正五年余氏勤有堂刊本，現藏國家圖書館）

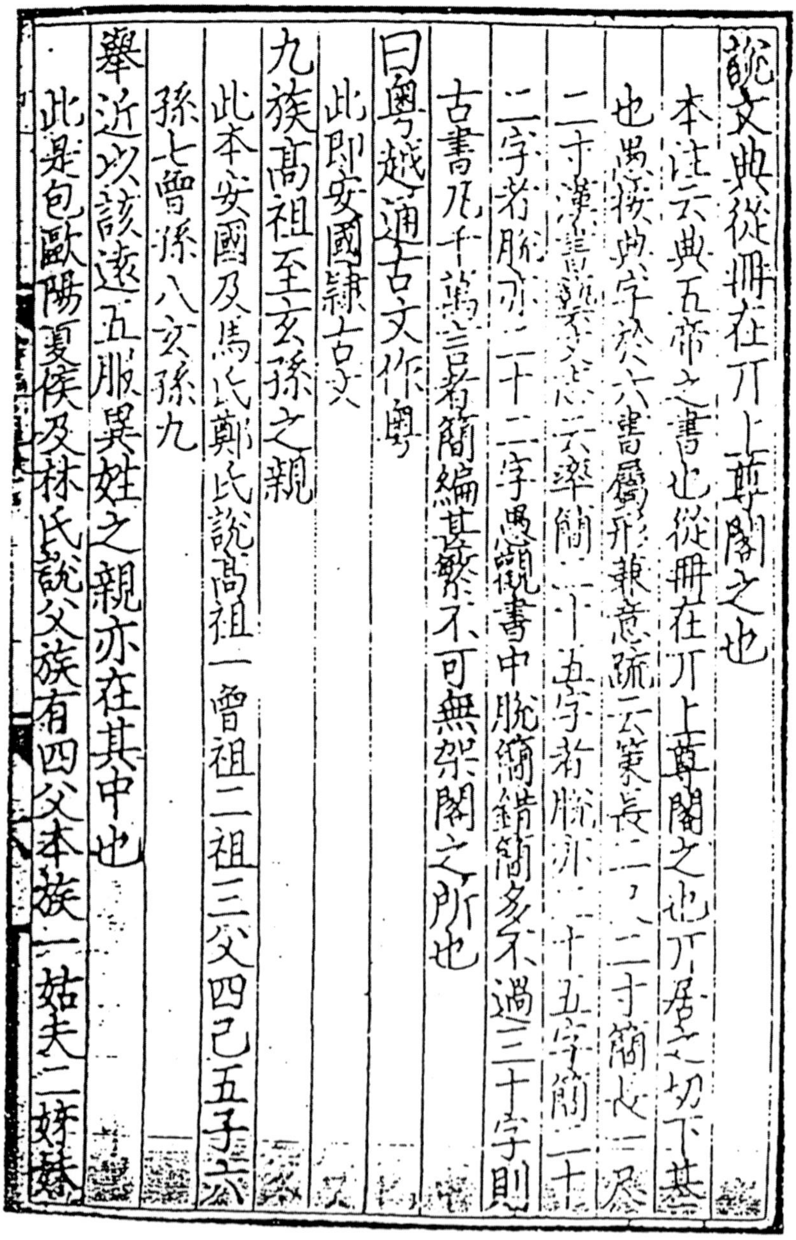

說文典從冊在丌上尊閣之也

本注六典五帝之書也從冊在丌上尊閣之也丌屋之也丌屋之切丌基

也愚按典字從六書屬亦兼意疏云籍長二尺二寸簡長二尺

二寸漢書藝文志六率簡二十五字簡二十

二字稍脩冊二十二字愚親書中脫簡錯簡多不過三十字則

古書凡千萬言者簡編其繁不可無架閣之所也

曰粤越通古文作粤

此即安國隸古文

九族高祖至玄孫之親

此本安國及馬氏鄭氏說高祖一曾祖二祖三父四己五子六孫七曾孫八玄孫九

舉近以該遠五服異姓之親亦在其中也

此是包歐陽夏侯及林氏說父族有四父本族一姑夫二妹婿

書傳會選卷第一

虞書

虞舜氏因以為有天下之號也書凡五
篇堯典雖紀唐堯之事然本虞史所作
故曰虞書其舜典以下夏書當曰夏書
春秋傳亦多引為夏書此云虞書或以
子所定也夏氏僎曰謂之虞書訓或見上
承於堯下授於禹三聖授受實守一道也

堯典

堯典尊閣之也此篇以簡冊載在開上
常法故又訓為常也今文古文皆有
故名曰堯典後出以其所載之事可為

音釋傳

傳几居之反說文古下基也叔重作
之也禮記內則註閣者反藏之所或板
之也开音與基同象兩木承橫板故曰閣
註之也古文今文孔壁所生所授馬鄭等所傳

圖版八：《書傳大全》

（明內府刊本，現藏國家圖書館）

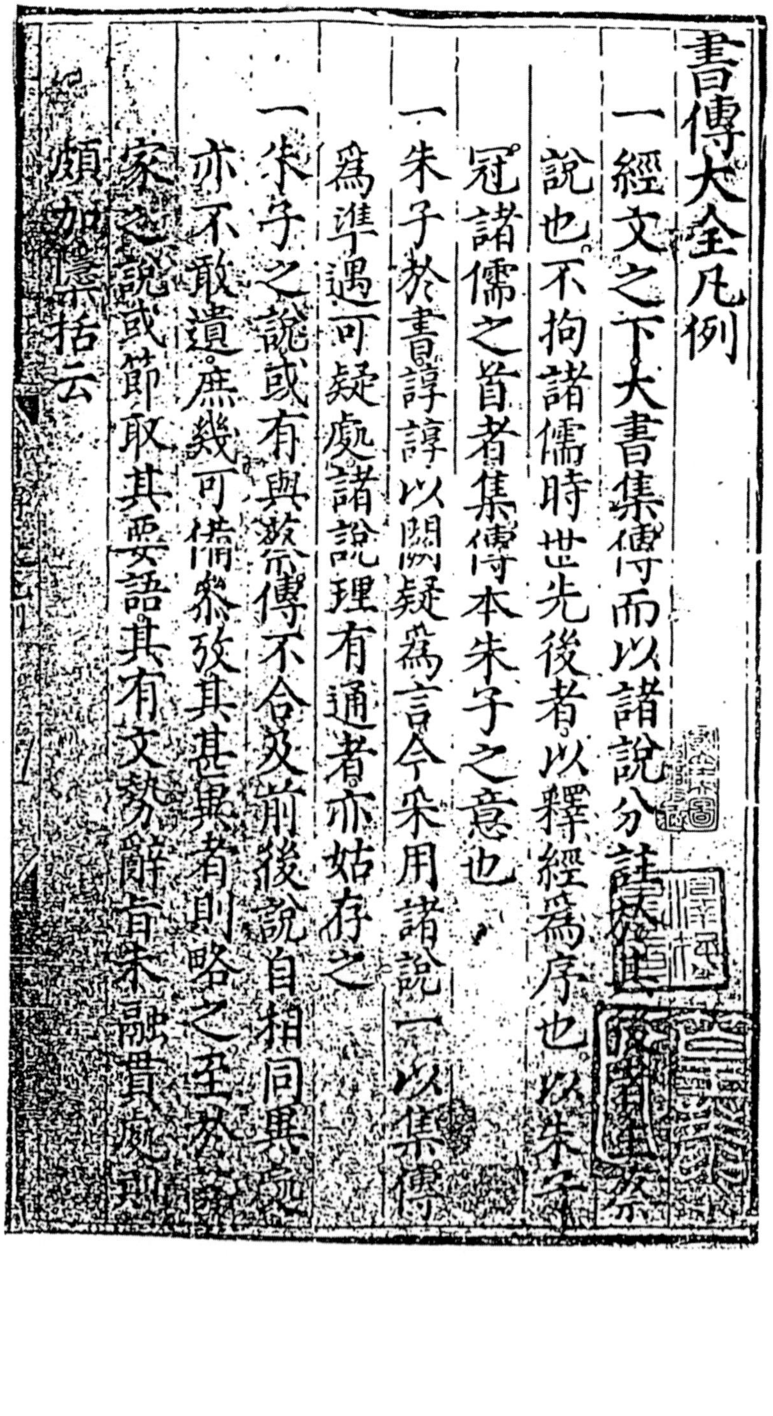

書傳大全凡例

一經文之下大書集傳何而以諸說分註其

說也。不拘諸儒時世先後者，以釋經為序也。以朱子

冠諸儒之首者集傳本朱子之意也

一朱子於書諄諄以闕疑為言今采用諸說一以集傳

為準遇可疑處諸說理有通者亦姑存之

一朱子之說或有與蔡傳不合及前後說自相同異

亦不敢遺。庶幾可備於攷其甚異者則略之至於

家之說或節取其要語其有文義解有未融貫處則

頗加櫽括云

緒　論

　　宋代的《尚書》學，如果仔細加以分析，約可得出下列數種傾向：其一，逐漸拋脫「漢學典範」，〔註1〕即偏重訓詁、探討名物的「注疏之學」，指的是

〔註1〕　筆者在上面用了「典範」（paradigm）一詞，它借用自孔恩（Thomas S. Kuhn, 1922～？）在《科學革命的結構》（The Structure of Scientific Revolutions）中所提出的一個重要觀念。根據孔恩的研究，顯示一切常態科學（normal science）都是在一定的「典範」的指引下發展的，他說：「常態科學」（normal science），意指以過去的科學成就爲基礎所從事的研究，這些科學成就是某一科學社群的成員在某一段期間內所公認的進一步研究的基礎。在今天，重述這些成就的任務，是由教科書（無論初級的還是高級的）來承擔的，但極少以其原始的形式呈現給讀者。……在十九世紀之初，這類教科書被廣泛使用前，許多著名的科學經典亦有相類似的功能，諸如亞里斯多德所寫的《物理學》（Physica）、托勒密的《天文學》（Almagest）……。這些及許多其他的著作出版後，成爲某一時期的學者公認的聖經，因爲它們隱約爲其研究領域界定了合宜的問題，及解決的方法，使後世的人得以遵循。這些著作獲致這種地位，源自他們共有的兩個特徵。第一，作者的成就實屬空前，因此能從此種科學活動中的敵對學派中吸引一群忠誠的歸附者。第二，著作中仍留有許多問題能讓這一群研究者來解決。具有這兩個特徵的科學成就，我以後就稱之爲「典範」。……一個科學研究傳統，不論多麼專門，學者加入這一科學社群參與研究，主要都是由研究它的典範入手。因爲他所要加入的社群，其成員都是經由相同的模式習得這門科學的基礎，他加入之後的研究活動，很少會引起公開的對於本行基本前提的異議。研究者以共有的典範爲基礎，就能信守相同的研究規則及標準。這種信守的態度及因而產生的明顯共識，是常態科學，也就是某一特定研究傳統發生與延續的先決條件。（《科學革命的結構》，第二章〈常態科學如何產生〉，頁53～54）再者，雖然「常態科學活動，不但不預期發現新事物，更不鼓勵發明新理論」（《科學革命的結構》，頁1～8），但是科學史上的「典範」仍不能永遠維持其「典範」的地位，無數的新問題讓後來的人可以繼續研究下去，因而形成一個新的科學研究傳統，詳見

〈書序〉、偽《孔傳》與《尚書正義》，三位一體的注《書》傳統。其二，懷疑先儒所公認的經傳作者。〔註2〕其三，懷疑經文的脫簡、錯簡、訛字等。〔註3〕其四，以「理」解經。〔註4〕其五，重視〈禹貢〉、〈洪範〉學。〔註5〕

孔恩：《科學革命的結構》，第三章〈常態科學的本質〉，頁68。有關「危機狀態的演化」及「典範的崩潰」，詳見前書，第七章〈危機與新理論的建構〉，頁117～128。

〔註2〕屈翼鵬先生說：「宋代疑經之說，大致可分三類：一、是懷疑經義的不合理；二、是懷疑先儒所公認的經書的著者；三、是懷疑經文的脫簡、錯簡、訛字等。」詳見屈氏撰：〈宋人疑經的風氣〉，《書傭論學集》（臺北：開明書店，1980年1月），頁238。
在「宋人懷疑先儒所公認的經傳作者」方面，如朱、蔡疑〈書大序〉恐是魏、晉間人作，託安國為名；金履祥斷〈大序〉為東漢人偽作；林之奇、葉適、馬廷鸞論史官作〈書序〉，經孔子整理成篇；朱子則認為〈書序〉非孔子作，蔡沈仿朱子作意，總置〈書序〉於正經後。詳見葉國良先生撰：《宋人疑經改經考》，頁53～60。

〔註3〕宋儒不信舊注疏，去漢、唐古義，回歸原典。在宋儒看來，「整理經典」是「得不傳之學於遺經」的必要工作，他們疑經、改經的目的，就在於疏通經義。
關於宋代學者討論《尚書》錯簡的情形，據葉國良先生指出，如朱子、蔡沈論〈舜典〉「五玉、三帛、二生、一死、贄」九字原在「肆覲東后」之下；劉敞、蘇軾、朱子、蔡沈、陳大猷、章如愚、王柏、金履祥論〈舜典〉「夔曰於予擊石拊石百獸率舞」十二字，是〈益稷〉脫簡；蘇軾疑〈皋陶謨〉有闕文、〈禹貢〉有錯簡；吳棫認為〈仲虺之誥〉「用爽厥師」續下文「簡賢附勢」，意不相貫，疑有脫誤；王柏疑〈說命〉、〈泰誓〉有錯簡；劉敞、王安石、程子、林之奇、朱、蔡、王柏、金履祥、孫諤皆疑〈武成〉簡編錯亂，各撰〈武成〉改本；龔鼎臣、余燾、蘇軾、晁說之論〈洪範〉錯簡；東坡以〈康誥〉篇首四十八字為〈洛誥〉脫簡；胡宏以為〈多士〉篇內有錯簡，又有脫簡在〈多方〉；王柏以〈立政〉有錯簡。詳見葉氏撰：《宋人疑經改經考》，頁76～90。

〔註4〕宋學並非只談性理之學，如蔡沈《書集傳》大量徵引偽《孔傳》、《尚書正義》，未嘗不談名物訓詁；此處所謂「以理解經」，指的是北宋中葉以後，濂、洛、關、閩學盛行，宋儒以理、氣、性、心、命等詞語，解釋儒家經典。

〔註5〕宋儒研究〈禹貢〉的風氣特盛，然著作多亡佚，故無足夠證據得出盛行原因，《四庫全書總目》說：「《尚書》一經，漢以來所聚訟者，莫過〈洪範〉之五行。宋以來所聚訟者，莫過於〈禹貢〉之山川。明以來所聚訟者，莫過《今文》、《古文》之真偽。」（卷一二，經部，《書》類二，《日講書經解義》提要，頁21）
據《宋史·藝文志》、《經義考》、《四庫全書總目》的著錄，有關於〈禹貢〉篇的研究著作，計十六書（篇）如下：
1. 毛晃：《禹貢指南》四卷，《永樂大典》本。
2. 程大昌：《禹貢論》五卷、《山川地理圖》二卷、《禹貢後論》一卷。
3. 王炎：《禹貢辨》一卷，未見。
4. 陳埴：《禹貢辨》一卷，未見。

　　北宋中葉至南宋末年，是宋人反漢學的時期，〔註6〕《書集傳》對漢、唐注疏的態度（指偽《孔傳》、《尚書正義》等舊典範），有認為說法正確，而加以采用者，這可以說明，宋儒與舊注疏間的關係仍未斷絕，但蔡《傳》對舊注疏中有關名物、制度的解釋，時有批評。蔡沈《書集傳》代表了《尚書》研究史中的宋學典範，這不僅與蔡沈繼承了朱子學智識主義傾向，〔註7〕有十

　　5. 李方子：《禹貢解》，未見。
　　6. 余嚞：《禹貢考》，佚。
　　7. 黃千能：《禹貢圖說》，佚。
　　8. 孟先：《禹貢治水圖》一卷，佚。
　　9. 傅寅：《禹貢說斷》四卷，《永樂大典》本。
　　10. 易祓：《禹貢疆理記》一卷，佚。
　　11. 戴蒙：《禹貢辨》一卷，佚。
　　12. 鄒近仁：《禹貢集說》，未見。
　　13. 王柏：《禹貢圖》一卷，未見。
　　14. 陳剛：《禹貢手鈔》一卷，佚。
　　15. 羅泌：〈三江詳證〉一篇、〈九江詳證〉。
　　16. 朱熹：〈九江彭蠡辨〉一篇。
　關於宋代〈洪範〉學概況，據蔣秋華先生表示，宋人甚重視〈洪範〉，不但學者研究，帝王亦好此學。關於宋儒論〈洪範〉，大致可分為：章句訓詁、圖書象數、疑經改經、貫通理學四類，略論如下：
　　1. 章句訓詁：此類著作，如曾肇《洪範傳》、王安石《洪範傳》、史浩《尚書講議》、黃度《尚書說》、陳經《尚書詳解》、魏了翁《尚書要義》、林之奇《尚書全解》、蔡沈《書集傳》、夏僎《尚書詳解》、黃倫《尚書精義》等書，皆重文字義之發明。
　　2. 圖書象數：此類近於漢人術數之學，如蘇轍〈洪範五事說〉、晁補之〈洪範五行說〉、蔡沈《洪範皇極內篇》等論著，皆以五行、五事、象數比配〈洪範〉，《四庫全書總目》說：「自沈以後，又開後世演〈範〉之一派。」（卷一〇八，子部，術數一，頁20，《洪範皇極內外篇》提要）
　　3. 疑經改經：宋儒疑〈洪範〉中有脫簡、錯簡者，如龔鼎臣、蘇軾、晁說之、洪邁、項安世、王柏、金履祥諸人。
　　4. 貫通理學：如胡瑗《洪範口義》以人倫日用解釋〈洪範〉；蘇軾《東坡書傳》以經義論史，辯箕子撰作〈洪範〉的根據；李仲靈、葉適有〈皇極說〉；袁燮以「發明本心」注解〈洪範〉篇，見袁氏撰：《絜齋家塾書鈔》。
　詳見蔣秋華先生撰：《宋人洪範學》，頁11～28。
〔註6〕林師慶彰指出，宋儒極力反對、批駁漢儒，對他們研究經學的成果，也作全面性的懷疑。宋人懷疑的，是漢人所傳之經，和漢人的經說，也就是要徹底否定漢儒傳經的貢獻，而將傳承聖人之道視為己任，以凸顯他們在儒學傳承中的超高地位。詳見林師慶彰撰：〈明代的漢宋學問題〉，《明代經學研究論集》，頁6～12。
〔註7〕本章節「智識主義」（Intellectualism）一辭，指的是朱子注重讀書博學，有「義

分密切的關係，它又特別重視「心」的認識能力，用了朱子所說的「人心惟危，道心惟微；惟精惟一，允執厥中」十六字來傳達《書集傳》傳經的中心理念。《書集傳》日後擔任了元、明、清三朝六百年間「《尚書》教科書」的任務，為《尚書》學的研究領域，界定了合宜的問題及解決的方法，成為多數學者遵循的典範，它的成就誠屬空前。《書集傳》既有如許重要的意義，自然應當作深入研究。

截至目前為止，對《書集傳》進行全面性探討的著作並不多，宋鼎宗先生在〈尚書蔡傳匡謬篇〉一文中，以考述《書集傳》的疏陋處為主，內容如「源出朱子而多立異說」、「因先儒成說而不明所由來」、「資料應用之疏舛」、「因後制以例前代之制」、「疏於文字之考證」……等，〔註8〕算是研究蔡《傳》的先鋒之作。臺灣師範大學的蔡根祥先生以《宋代尚書學案》作為學位論文，〔註9〕以「蔡沈學案」為討論對象之一。此書主要是對宋代《尚書》學者及其著作，作一全面性的論說，而不是以《書集傳》作為主要論題。它的優點是使我們能夠較完整地掌握《書集傳》在宋代《尚書》詮釋史中的風貌。當然，限於本書體製，對於蔡沈的生平、版本等文獻資料，較無暇顧及。關於蔡根祥先生的書，有數點應提出討論：

其一，蔡書以《四庫全書》系統本作為底本，故稱：「是其書於經文傳註者本有六卷，而別附〈小序〉一卷、〈朱熹問答〉一卷。其〈朱熹問答〉一卷久佚。」（頁894）今按：〈朱熹問答〉一卷，詳見北京圖書館藏南宋理宗淳祐十年呂遇龍上饒郡學刻本，由中華書局於1987年影印出版，完整無缺。

其二，蔡書對於蔡沈生平傳記的搜理，主要引述《宋史‧儒林傳》、朱彝尊《經義考》、黃宗羲《宋元學案‧九峰學案》、王德毅等編《宋人傳記資料索引》等資料。惜未引錄方志、《蔡氏九儒書》等相關文獻。

理之是非，取證於經書」的智識主義傾向，此不意味朱子（及蔡沈）持論的中心問題是知識問題。朱熹曾說「經之有解，所以通經。經既通，自無事於解。借經以通乎理耳，理得，則無俟乎經」（《朱子語類》，卷十一），可見朱子讀書博學的主張也都是在「窮理」的大前提下展開的。詳見余英時先生撰：〈從宋明儒學的發展論清代思想史—宋明儒學中智識主義的傳統〉，《歷史與思想》（台北：聯經出版公司，1976年9月），頁87～120。

〔註 8〕 詳見宋鼎宗先生撰：〈尚書蔡傳匡謬篇〉，《成功大學學報》（人文篇），第十四卷（1979年5月），頁99～122。

〔註 9〕 詳見蔡根祥撰：《宋代尚書學案》（臺北：臺灣師範大學國文研究所博士論文，1994年6月，許師錟輝指導），第九章第二節〈蔡沈〉，頁864～927。

其三，關於蔡沈的著述，蔡書只著錄了「《書經集傳》、《洪範皇極內篇》」二書（頁 864），失引《皇極剛克要略》一卷。關於《書集傳》的書名，各代書志著錄不一，如《宋史・藝文志》題「《書傳》」（頁 5044）；《文獻通考・經籍考》題「《書集傳》」（頁 124），《鐵琴銅劍樓藏書目錄》錄「《朱子訂定蔡氏集傳》」（頁 134～136）；北京圖書館藏有「《朱文公訂正門人蔡九峰書集傳》」、「元至正十四年日新書堂刻本《蔡沈集傳》」、「明嘉靖吉澄刻本《書經集傳》」、「明嘉靖三十五年廣東崇正堂刻本《書經集注》」、「明書林克勤齋余明台刻本《書經集註》」；國家圖書館藏有「元建刊初印本《蔡氏集傳》」。茲據〈九峰蔡先生書集傳序〉，稱「慶元己未冬，先生文公令沈作《書集傳》」，是最簡潔可信的文字。

其四，蔡書，頁八九四稱「其子杭上《書集傳》表」，「杭」爲「抗」之誤。

其五，在版本方面，《書集傳》刊刻版本繁多，六百年間可考善本達四十餘種，蔡書皆未述及。

其六，在版式方面，蔡先生引《四庫全書總目》說：「『〈小序〉一卷，沈亦逐條辨駁，如朱子之攻〈詩序〉，今其文猶存，而書肆本皆削去不刊。考朱升《尚書旁注》稱〈古文書序〉自爲一篇，孔注移之，各冠篇首，蔡氏刪之而置於後，以存其舊，蓋朱子所授之旨。是元末明初刊本，尚連〈小序〉。然《宋史・藝文志》所著錄者，亦止六卷，則似自宋以來，即惟以《集傳》單行矣。』按《提要》所言是也。」（頁 865）今按：據現存宋、元版本，如呂遇龍刻本、國家圖書館藏南宋刊八行本、元建刊初印本、北京圖書館藏元至正十四年日新書堂刻本（卷四至六，配補至正五年虞氏明復齋刻本），〈書序〉皆總置於五十八篇經文之後，《四庫全書總目》的說法是不正確的。

其七，蔡書，頁八六六稱：「此所謂邵武一朋友者，即指蔡沈。邵武爲建陽臨縣，即蔡沈故家所在。」今按：《民國崇安縣志・儒林傳》，引《福建通志》說：「發始祖烜，官建陽，後居崇安。……蔡沈《書集傳・自序》題云『武夷蔡沈序』，蔡氏之爲崇安人可知，其後徙居建陽，故又作建陽人。」（卷二二，頁 561）據上文，知「邵武」非蔡沈故家，此「邵武一朋友」，疑指李方子。

其八，蔡書頁八七〇稱：「蔡氏《書集傳》六卷中，並無孔安國〈序〉。」此亦未據善本，今詳見呂遇龍刻本錄〈書大序〉全文。

至於其他篇什，如介紹《書集傳》板本的論文，主要有下列諸篇：

1. 吳哲夫撰：〈書集傳（善本書志）〉，《故宮季刊》，第九卷第三期（1975年春季號），頁 59～61。

2. 丁瑜撰：〈影印宋本《朱文公訂正門人蔡九峰書集傳》說明〉，《朱文公訂正門人蔡九峰書集傳》（北京：中華書局，1987年9月），頁 1～4。

3. 丁瑜撰：〈宋刻《蔡九峰書集傳》與《春秋公羊經傳解詁》〉，《文獻》，1988年第四期（總第三十五期）（1988年10月），頁 231～233。

4. 李致忠撰：〈朱文公訂正門人蔡九峰書集傳〉，《文獻》，1992年第四期（總第五十四期）（1992年10月），頁 175～181；後又收入《宋版書敘錄》（北京：書目文獻出版社，1994年6月），頁 66～70。

5. 程師元敏撰：〈朱熹蔡沈師弟子書序辨說版本徵孚〉，《經學研究論叢》，第三輯（1995年10月），頁 37～80。

吳先生的文章，為介紹國家圖書館藏南宋刊八行殘本《書集傳》而作；丁瑜、李致忠二位先生的文章，為北京圖書館藏呂遇龍上饒郡學刻本而作；吳、丁、李三位先生，皆為版本學專家，對於蔡沈之子蔡抗獻《書》的經過、版本源流、版式特色的介紹，多詳實可讀。其中李致忠先生的論文，有二點值得注意：

其一，考論《書集傳》著成於嘉定三年（1210），此與〈書集傳序〉稱「嘉定己巳」不符，按：「嘉定己巳」即嘉定二年（1209）。

其二，《書集傳》守師法，總置《書序》於五十八篇正《經》之後，此為《書集傳》的特色之一，惜李先生於《書集傳》中〈書序〉的位置，未加考論。

程師元敏撰寫的〈朱熹蔡沈師弟子書序辨說版本徵孚〉，大抵是考辨朱子《尚書》學、《書集傳》的成書經過、〈書序〉的源流，旁及《書集傳》各色版本，程師考辨精細，內容最為詳盡。

《書集傳》徵引眾說，其中以援引東坡、朱子《尚書》學最多，討論東坡、朱子《書》學的論文如下：

1. 林麗真撰：〈東坡書傳之特色及其對蔡沈書集傳之影響〉，行政院國家科學委員會研究獎助論文，1982年。

2. 林麗真撰：〈東坡書傳之疑古精神〉，《孔孟月刊》（第二一卷第三期），頁 24～28，轉頁 40，1982年11月。

3. 錢穆撰：〈朱子之書學〉，《朱子新學案》（第三冊），頁 83～94，臺北，

三民書局，1982 年 4 月。

4. 李學勤撰：〈朱子的尚書學〉，《朱子學刊》，1989 年第一輯（總第一輯），頁 88～99，福州，福建人民出版社，1989 年 4 月。

5. 劉人鵬撰：〈論朱子未嘗疑古文尚書僞作〉，《清華學報》（1992 年 12 月），新第二十二卷第四期，頁 399～430。

林先生撰寫的〈東坡書傳之特色及其對蔡沈書集傳之影響〉，惜未及寓目；至於〈東坡書傳之疑古精神〉，則以介紹蘇軾《尚書》學特色爲主體，《東坡書傳》在懷疑經文之脫簡、錯簡、訛字及懷疑前人經說的正確性方面，有許多獨到的見解，如懷疑〈康誥〉篇者四十八字爲〈洛誥〉脫簡，影響蔡《傳》不信〈書序〉，論〈康誥〉爲武王誥康叔書。

錢、李二位先生皆爲學林耆宿，錢先生於「朱子命諸弟子編集《書傳》」有詳細的介紹；李先生對朱子《尚書》學思想，有深入的評析。惟文中稱「朱書雖未就，蔡季通《集傳》可謂集宋人之大成者也」（頁 88），「季通」當作「仲默」。

劉先生的文章，論朱子未嘗疑僞《古文尚書》，頗不同於一般學界的看法。

有關研究蔡沈經學、理數學思想方面的論文，據個人所知，約有下列數篇文章：

1. 劉樹勛主編：《閩學源流》（福州：福建教育出版社，1993 年 12 月）。

2. 高令印、陳其芳撰：〈蔡沈的哲學思想〉，《福建論壇》（文史哲版），1984 年第六期（1984 年 12 月），頁 21～24。

3. 侯外盧、邱漢生、張豈之撰：〈閩學干城──蔡元定與蔡沈〉，《宋明理學史》（北京：人民出版社，1984 年），頁 517～538。

4. 高令印、陳其芳撰：〈蔡元定、蔡沈〉，《福建朱子學》（福州：福建人民出版社，1986 年 10 月），頁 87～108。

5. 高令印、蔣步榮撰：〈福建籍朱熹門人對閩學思想體系的貢獻〉，《閩學概論》（九龍：易通出版社，1990 年 10 月），頁 65～72。

6. 朱伯崑撰：〈蔡元定和蔡沈的河洛之學〉，《易學哲學史》（北京：北京大學出版社，1989 年 1 月），中冊，頁 394～425。

7. 石訓等撰：〈朱震和蔡元定、蔡沈的哲學思想〉，《中國宋代哲學》（鄭州：河南人民出版社，1992 年 12 月），頁 1273～1321。

8. 簡明撰：〈邵雍蔡沈理數哲學爭議〉，《華中師範大學學報》（哲學社會

科學版），1994 年第五期（1994 年 10 月），頁 75～79。

劉樹勛先生的文章，以閩學的學術源流作爲研究主體，閩學即朱熹之學，在「考亭學派」一節中，可看出沈隨其父學於朱子門下的閩學淵源。

關於侯、高、陳、蔣四位先生的論文，侯氏表示蔡沈家傳的學術路向，在於二程、邵、張間，可反映出蔡家三代的學術兼有義理、象數兩個方面。高令印先生是朱子學專家，他在〈蔡元定、蔡沈〉這篇文章中，指出蔡沈哲學思想受朱子、邵雍、蔡元定的影響頗深，有關蔡沈「理出於心」的命題，甚至接近陸象山。

石訓、簡明、朱伯崑先生研究蔡沈的象數學，稱《洪範皇極》兼采朱熹的「理」和蔡元定的象數學，構成獨特的體系，屬於宋《易》中象數學的系統。

在考論蔡《傳》學史方面，主要有以下數篇論文：

1. 古國順撰：〈蔡沈書集傳之研究論著述評〉，《臺北師專學報》，第十二期（1980 年 6 月），頁 77～95。

2. 古國順撰：《清代尚書學》（臺北：文史哲出版社，1980 年 6 月），頁 1～34。

3. 劉起釪撰：《尚書學史》（北京：中華書局，1989 年 6 月），頁 285～303。

4. 蔣秋華撰：〈明人對蔡沈《書集傳》的批評初探〉，「明代經學國際研討會」論文（臺北：中央研究院中國文哲研究所籌備處主辦，1995 年 12 月 22、23 日）。

5. 陳恆嵩撰：〈《五經大全》纂修人考述〉，《經學研究論叢》（1990 年 10 月），頁 1～36。

6. 陳恆嵩撰：〈《書傳大全》取材來源探究〉，「明代經學國際研討會」論文（臺北：中央研究院中國文哲研究所籌備處主辦，1995 年 12 月 22、23 日）。

7. Benjamin A. Elman：*The Inter-Reltion Between Changes In Ch`ing Classical Studies & Changes In Policy Questions on Civil Examinations*，《清代經學國際研討會論文集》（臺北：中央研究院中國文哲研究所籌備處，1994 年 6 月），頁 33～102。

8. Benjamin A. Elman：〈明代政治與經學：周公輔成王〉，「明代經學國際研討會」論文（臺北：中央研究院中國文哲研究所籌備處主辦，1995 年 12 月 22、23 日）。

9. 梁世惠撰：〈宋明人論危微精——執中十六字及其證僞〉，臺灣大學中國文學研究所碩士論文，程師元敏指導，1989 年 5 月。

　　古國順、劉起釪先生的文章，據《經義考》、《四庫全書總目》、經籍序跋，整理出元、明、清三朝有關蔡《傳》，或稱美，或訾議的《尚書》學著作。

　　蔣秋華先生以《書傳會選》與《書集傳》的關係，作爲論述重點；陳恆嵩先生的研究範圍以《五經大全》爲主，其中〈《書傳大全》取材來源探究〉一文，仔細分析《書傳大全》抄襲董鼎《書傳輯錄纂註》最多，計百分之六十六點二，其次爲陳櫟書，計百分之九點六。

　　艾爾曼先生〈清代科舉與經學的關係〉、〈明代政治與經學：周公輔成王〉二篇論文，前者論及科舉與正統經學（指科舉定本）的關係，如朱、蔡「人心、道心」的解釋，已成爲科舉科目中所指定的註解；後者說明朱、蔡維護聖王形象，重新解釋三代史事，其「經與權」的觀點，提供了不同於舊典範的南宋版本。

　　梁先生的文章，係「因事命篇」，對於虞廷傳心十六字的源流及影響，皆論述明白，使讀者對「危微精一執中」的來龍去脈增加了解。惟本篇是以理學史的立場撰寫的，概論十六字心傳對程、朱、陸、王及其門人弟子思想要義的影響，並不是純粹經學史的研究。

　　據上文，可知直到目前爲止，尚未見到專篇研究《書集傳》的論文，本文便是想在這一點上略盡己力，希望能對《書集傳》作一較全面的檢討。

第一章　蔡沈的生平與著述

第一節　生　平

蔡沈字仲默，〔註1〕號九峰，福建建陽人。〔註2〕生於南宋孝宗乾道三年（1167），卒於南宋理宗紹定三年（1230）五月初一，得年六十四。〔註3〕

〔註1〕 蔡沈雖依「仲」字排行，實爲蔡元定的第三子。劉爚〈西山先生蔡公墓銘〉說：「（元定）娶崇安江氏，男四人，長淵、次知方、次沈，次某，早亡。」詳見劉氏撰：《雲莊劉公簡公文集》（明弘治間劉熽刊嘉靖間增補本），卷一一，頁8。郭子章〈聖門人物誌・蔡子傳〉也說：「西山先生四子，淵、沆、沈、沈。沈早亡，沆出繼表兄虞氏。先生卒於道州，沆公遵母命以男梓後，虞氏復歸宗。」詳見蔡有鶤輯：《蔡氏九儒書・西山集》（清同治七年盱南蔡氏三餘書屋重刊本），卷二，頁1。關於蔡元定仲子沆的生平，請參見徐夢發〈復齋蔡先生墓表〉：「先生諱沆，字復之，西山次子。生十歲，西山憐外表兄虞英無子，與之爲嗣，更名知方。……從文公學，授父《春秋》之屬，作《春秋五論》行世。」詳見馮繼科修：《嘉靖建陽縣志》（上海：上海古籍出版社，1962年4月，影印天一閣藏明嘉靖刻本），卷二。

〔註2〕 《民國崇安縣志・儒林傳》引《福建通志》說：「發始祖烜，官建陽，後居崇安。……蔡沈《書集傳・自序》題云『武夷蔡沈序』，蔡氏之爲崇人可知，其後徙居建陽，故又作建陽人。」詳見劉超然修、鄭豐稔纂：《民國崇安縣志》（台北：成文出版社，1941年），卷二二，頁561。

〔註3〕 關於蔡沈的生平，以眞德秀〈九峰先生蔡君墓表〉記錄最詳，餘可參見：《宋史》（北京：中華書局，1990年12月），卷一九三，頁12876～12877；《南宋書》（清嘉慶二年南沙席氏刊本），卷四四，頁9；《宋史新編》（明嘉靖刊本），卷一六二，頁15；《宋史質》（明嘉靖刊本），卷九九，頁75；《宋元學案》（杭州：浙江古籍出版社，1992年8月），卷六七，第五冊，頁560～675；《宋元

　　蔡沈的先祖爐曾仕唐爲建陽縣令，高曾祖允、曾祖諒都是太學生，世以儒名家。〔註4〕再傳至祖父發，由於他的性格「高簡廓落，不能與世俗相俯仰」，乃卜居武夷（福建崇安縣境），專以讀書教子爲事。〔註5〕沈父元定，字季通，幼承庭訓，〔註6〕對於天文、樂理、象數學頗有研究。〔註7〕及長，

學案補遺》（臺北：世界書局），卷六七；《皇朝道學名臣言行外錄》（清道光元年續學堂洪氏刊本），卷一七，頁7；《考亭淵源錄初稿》（舊鈔本），卷四，頁26；《閩南道學源流》（明嘉靖四十三年刊本），卷一一，頁9；楊維楨《吳都文粹續集‧崇明州學先賢祠堂記》（臺北：臺灣商務印書館，1985年，影印文淵閣《四庫全書》本）卷七，第一三八五冊，頁182～183；《宋詩紀事》（臺北：臺灣中華書局），卷六三，頁314；詳見蔡有鵾輯：《蔡氏九儒書‧九峰集》（清同治七年旴南蔡氏三餘書屋重刊本），卷六；謝巍《中國歷代人物年譜考錄》（北京：中華書局，1992年11月），頁211，著錄清‧袁應兆曾編有〈蔡沈年表〉附袁氏：《祀事孔明‧宋儒年表》（同治十一年刊本）內，〈表〉甚簡略，不繫事跡。

〔註4〕《民國崇安縣志》：「發始祖烜，官建陽。」詳見本章節〈註2〉。
　　　何喬遷〈潭陽文獻蔡氏卷引〉說：「蔡氏爐，弋陽郡人，生唐宣宗大中，……入閩爲建陽長官。」詳見蔡有鵾輯：《蔡氏九儒書》（清同治七年旴南蔡氏三餘書屋重刊本），卷首。劉燴〈西山先生蔡公墓銘〉也說：「其先弋陽人，人世仕唐，有爲建州建陽縣者，因家焉。曾祖允、祖諒，太學生。」詳見《雲莊劉公簡公文集》，卷一一，頁6。
　　　關於蔡諒的生平，據《康熙福建通志》說：蔡諒字守信，號首陽居士。其先弋陽人，僦居建陽，累傳至諒，以鄉貢入太學，除大名思訓，擢太學錄。崇寧間（1102～1106），表勸徽宗「剛仁勤儉」，又謂蔡京曰「清慎正直」。京大怒，即棄官歸。詳見金鋐、鄭開極纂修：《康熙福建通志‧人物》（北京：書目文獻出版社，北京圖書館《古籍珍本叢刊》影印清康熙年間刊本），卷四七，頁8。

〔註5〕蔡發字神與，號牧堂，福建建陽人。生於北宋哲宗元祐四年（1089），卒於南宋高宗紹興二十二年（1152），著有《天文星象總論》。朱熹〈跋蔡神與絕筆〉說：「（發）博學強記，高簡廓落，不能與世俗相俯仰，因去遊四方，聞見益廣，遂於《易》象、天文、地理三式之說，無所不通，而皆能訂其得失。中年乃買田築室於武夷之陽，……，杜門掃軌，專以讀書教子爲事。元定生十年，即教使讀程氏《語錄》、邵氏《經世》、張氏《正蒙》等書，而語之曰『此孔、孟之正脈也』。」詳見《晦庵先生朱文公集》（臺北：臺灣商務印書館，《四部叢刊》，初編縮印本），卷八三，頁1498。

〔註6〕蔡元定字季通，福建建陽人。生於南宋高宗紹興五年（1135），卒於寧宗慶元四年（1198），年六十四。元定幼承庭訓，長從朱熹游，熹扣其學，大驚曰「此吾老友也，不當在弟子列」，遂與對榻講論諸經奧義，每至夜分。四方來學者，熹必俾先從元定質正。韓侂冑興僞學之禁，元定謫道州，至春陵，遠近來學者日眾。貽書訓諸子曰「獨行不愧影，獨寢不愧衾，庶可傳之子孫，勿以吾無故得罪而遂懈也」。嘗登西山絕頂，忍饑啖薺讀書，學者尊曰西山先生。所著書有《大衍詳說》、《律呂新書》、《燕樂》、《原辯》、《皇極經世》、《太玄潛

從學朱熹，師弟子「于學無所不講」，亦師亦友四十年，〔註8〕沈亦隨父學於朱子門下。〔註9〕全祖望說「蔡氏父子、兄弟、祖孫，皆爲朱學干城」（《宋元學案・九峰學案》，卷六七，冊五，頁562），茲將他們的世系列表如下：〔註10〕

虛指要》、《洪範解》、《八陣圖說》、《陰符經解》……，及詩東雜說若干卷。有關蔡元定之生平，詳見朱熹撰：《晦庵先生朱文公集・祭蔡季通文》（臺北：臺灣商務印書館，《四部叢刊》初編縮印本），卷八八，頁1562。劉爚撰：《雲莊劉文簡公文集・西山先生蔡公墓銘》，卷一一，頁519。蔡有鷦輯：《蔡氏九儒書・西山集》，卷二。

〔註7〕 朱熹說：「向見季通，說甚俊敏，能勉力操脩，以世家學爲佳耳。」詳見朱氏撰：《晦庵先生朱文公集・續集・答毛朋壽》，卷八，頁1853。

〔註8〕 詳見朱熹〈與劉孟容書〉：「交游四十年，于學無所不講，所賴以祛蒙蔽者爲多。不謂晚年乃以無狀之跡，株連及禍，遂至於此。聞之痛悵，不知涕泗之流落也。」轉引蔡有鷦輯：《蔡氏九儒書・西山集》，卷二。

〔註9〕 關於蔡沈的學術淵源，據《宋史》本傳的記載，稱蔡沈「少從朱熹游」。詳見《宋史・儒林四・蔡沈傳》，卷一九三，頁12876。

〔註10〕 本世系以「蔡氏九儒」爲主，李清植說：「蔡氏自牧堂老人發，生西山先生元定，元定生節齋先生淵、復齋先生沆及沈。淵又生素軒先生格，沈生覺軒先生模、久軒先生杭（「抗」之誤）、靜軒先生權，皆潔行績學，詮經衛道，世稱蔡氏九儒。」詳見李氏撰：《歷代名儒傳》（北京：中國書店，1991年3月），卷七，頁13。

按：蔡淵字伯靜，號節齋，福建建陽人。生於南宋高宗紹興二十六年（1156），卒於南宋理宗端平三年（1236），著有《易傳訓解》、《古易協韻》等書。生平詳見王遂撰：〈節齋蔡先生墓誌銘〉，轉引《嘉靖建陽縣志》，卷六，頁19。蔡格字伯至，號素軒，生於南宋孝宗淳熙十年（1183），卒於南宋理宗淳祐十二年（1252）。格性資沖澹，躬耕不仕，著有《至書》、《廣仁說》。生平詳見范弘忠撰：〈素軒蔡先生墓表〉，轉引《蔡氏九儒書・素軒公集・附錄》，卷五，頁12。蔡模字仲覺，號覺軒，生於南宋孝宗淳熙十五年（1188），卒於南宋理宗淳祐六年（1246）。隱居篤學，一以聖賢爲師，嘗輯朱文公所著書爲《續近思錄》，著有《易傳詳解》、《大學衍說》等書。生平詳見翁合撰：〈蔡覺軒先生墓誌〉，轉引《蔡氏九儒書・覺軒公集》，卷七，頁25。蔡抗字仲節，號久軒，生於南宋光宗紹熙四年（1193），南宋理宗紹定二年進士（1229），卒於南宋理宗開慶元年（1259）。事母翁氏、繼母劉氏備至。生平詳見葉朵撰：〈文肅公墓誌〉，轉引《蔡氏九儒書・久軒公集・附錄》，卷八，頁75。蔡權字仲平，學者稱靜軒先生，生於南宋寧宗慶元元年（1195），卒於南宋光宗寶祐五年（1257）。聰明雅飭，兄覺軒爲《續近思錄》、《論孟集疏》等書，皆與先生參考，以至成編。生平詳見陳元善撰：〈靜軒公墓誌〉，轉引《蔡氏九儒書・靜軒集・附錄》，卷九，頁16。

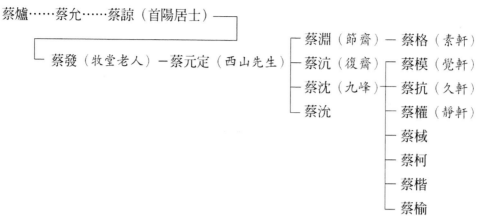

光宗紹熙末（1195），丞相趙汝愚當國，請朱子陪侍皇帝講讀經史。寧宗慶元初年（1195），權臣韓侂冑專政，與「慶元黨禁」，用京鏜、何澹、劉德秀、胡紘四人為鷹犬，將異己視為偽黨。慶元二年（1196），韓黨沈繼祖為監察御史，誣朱熹「十罪」，〔註11〕詆蔡元定佐熹為妖，乞送道州（今湖南）編管。

〔註11〕南宋孝宗淳熙年間，丞相王淮當國，不喜朱熹，御史大夫鄭丙創「道學」之目，與陳賈〈疏〉論道學欺世盜名，乞請擯斥，詳見李心傳撰：《建炎以來朝野雜記‧道學興廢》（北京：中華書局，1985 年），卷六，甲集，冊一，頁 80。鄭、陳所用「道學」一詞，乃借諷以孔、孟為法的「真儒」而言（「真儒」一詞，參見程頤撰：《河南程氏文集‧明道先生墓表》，卷一一，頁 640），鄭、陳並未指名直攻朱熹。

淳熙十五年（1188），兵部侍郎林栗與朱熹論《易》、〈西銘〉不合，劾朱熹：「本無學術，徒竊張載、程頤餘緒，謂之『道學』。所至輒攜門生數十人，妄希孔、孟歷聘之風，邀索高價，不肯供職，其偽不可掩。」（《道命錄》，卷六，〈林栗劾晦庵先生奏狀〉）林、朱之爭，有葉適上〈疏〉為朱熹辨証，詳見《葉水心文集》卷二，〈辨兵部郎官朱元晦狀〉。

光宗紹熙末（1194），丞相趙汝愚起朱熹侍經筵，朱子數十日即去位。（詳見李心傳撰：《建炎以來朝野雜記‧道學興廢》，卷六，甲集，冊一，頁 80；按：「經筵講官」，即「陪侍皇帝講讀經史之官。宋朝以翰林侍讀、侍講學士等為經筵官，每年春秋陪侍皇帝講讀經史」。詳見張政烺先生主編：《中國古代職官大辭典》，頁 720。

寧宗慶元二年（1196），沈繼祖奏朱熹「剽竊張載、程頤之餘論，寓以喫菜事魔之妖術，以簧鼓後進，張浮駕誕，私立品題，收召四方無行誼之徒，以益其黨伍，相與餐虀食淡，衣褒帶博，或會徒於廣信鵝湖之寺，或呈身於長沙敬簡之堂，潛形匿跡，如鬼如蜮，及不忠、不孝、不仁、不義、不公、不廉」等十罪，乞褫職罷祠。

《宋史‧朱熹傳》說：「自熹去國，侂冑勢益張。何澹為中司，首論專門之學，文詐沽名，乞辨真偽。劉德秀仕長沙，不為張栻之徒所禮，及為諫官，首論留正引偽學之罪。『偽學』之稱，蓋自此始。太常少卿胡紘言：『比年偽學猖

由於韓、趙政爭，政權重新分配的結果，理學派官僚集體失勢，宰執趙汝愚一行都被斥逐禁錮，蔡元定受了株連，於慶元三年（1197）遣道州舂陵編置，[註12]真德秀〈九峰先生蔡君墓表〉說：

> 慶元初，偽學之論興，文公以黨魁絀，聘君亦遠謫舂陵，君徒步數千里以從。九嶷之麓，最楚、粵窮僻處，山川風物，悲涼愴悴，居者率不能堪。君父子相對，以理義相怡悅，浩然無湘纍之思、楚囚之泣也。（《真西山文集》，卷四二，頁 8）

蔡沈隨父至貶所，[註13]對於《易》圖、象數學更有進境，據朱子說：「想不廢讀書作文，比之家居，更省應接，當日有新功也。」（《朱文公文續集》，卷三，〈答蔡季通〉五，頁 1821）蔡沈在舂陵曾患瘧病，朱子時詢病況，可見師弟子間情誼深厚（《朱文公文公續集》，卷三，〈答蔡季通〉六、九，頁 1821、1822）。慶元四年（1198），蔡元定病逝舂陵，沈護喪還建陽，時年三十，即摒去舉業，隱居九峰，潛心讀書。[註14]

　　朱熹為南宋理學大師，於《易》、《詩》都有注解，朱子原本也有心為《尚書》作傳，[註15]曾分命門人李相祖、[註16]陳埴、[註17]謝成之、[註18]

猴，圖為不軌，宜宣喻大臣，權住進擬。』遂召陳賈為兵部侍郎。未幾，熹有奪職之命。劉三傑以前御史論熹、汝愚、劉光祖、徐誼之徒，前日之偽黨，至此又變而為逆黨。即日除三傑右正言。右諫議大夫姚愈論道學權臣結為死黨，窺伺神器。乃命直學士院高文虎草詔喻天下，於是攻偽日急，選人余嘉至上書乞斬熹。」（卷四二九，頁 12768）

這場政爭的結果，宰執則趙汝愚、留正、王藺、周必大四人，待制已上則朱熹等十三人，餘官則劉光祖等三十一人，武臣皇甫斌等三人，太學生陽宏中等六人，士人則蔡元定、呂祖泰二人，皆貶斥失勢。詳見題宋樵川叟撰：《叢書集成新編‧慶元黨禁》（臺北：新文豐出版公司，1985 年），第二二冊，頁 430～438。李心傳撰：《建炎以來朝野雜記‧學黨五十九人姓名》，卷六，甲集，冊一，頁 80～81。

〔註12〕朱熹說：「罪戾之蹤，不容掩覆，竟蒙臺劾，褫職罷祠。昨日已被省箚，而季通遂有舂陵之行，已入府聽命矣。……季通只是編置，無他刑名。」詳見朱氏撰：《晦庵先生朱文公集‧續集‧答黃子厚》，卷七，頁 1847。

〔註13〕王遂〈節齋蔡先生墓誌銘〉說：「節齋事母持家，九峰隨父貶所。」轉引馮繼科修：《嘉靖建陽縣志》（上海：上海古籍出版社，1962 年 4 月，影印天一閣藏明嘉靖刻本），卷二，頁 19。

〔註14〕詳見真德秀〈九峰先生蔡君墓表〉。

〔註15〕朱熹於《尚書》，並無全經注解本專著，陳振孫《直齋書錄解題》著錄朱熹《晦庵書說》七卷，今佚。稱朱子門人黃士毅「集其師說之遺，以為此書」（卷二，頁 32），《宋史‧藝文志》著錄「朱熹《書說》七卷」（頁 5043）、《宋元學案‧

滄洲諸儒學案上》亦著錄「文公《書說》七卷」（卷六九，第五冊，頁771）。
朱彝尊《經義考・書・書說》，卷八二：「按文公《書說》，黃氏所錄外，又有
湯氏中輯本，今不傳。」

按：湯中，董鼎《書蔡傳輯纂註》（元至正十四年翠巖精社刊本），〈書蔡氏傳
輯錄引用諸書〉作「巾」。李道傳、李性傳、黃士毅、蔡抗、王佖、吳堅、黎
靖德等編七種《朱子語類》之內容，亦爲朱子門人輯成，非文公自著，詳見
本論文，第三章第三節，〈與朱子《尚書》學的關係〉。

〔註16〕李相祖字時可，建州光澤人，生平詳見清・段夢日修：《乾隆光澤縣志》（清
乾隆廿四年刊本）。黃宗羲撰：《黃宗羲全集・宋元學案・滄洲諸儒學案上》（杭
州：浙江古籍出版社，1992年8月）卷六九，冊五，頁763～764。

《經義考》卷八二引《閩書》說：「李相祖從朱文公學，嘗以文公命編《書說》
三十卷，今佚。」鄧艾民先生於《朱子語類・朱熹與朱子語類》一文中指出
「對於《書經》，朱熹的弟子黃士毅、李相祖等曾記錄編選他的《書說》，可
惜現在已散失了。」（頁16）

按：此說未詳何據？《晦庵先生朱文公集》，卷五五，頁988～989，收錄朱子
答李相祖書七通，其中關於《尚書》的部分，只有講解〈大禹謨〉「允執厥中」、
〈禹貢〉地理、應當採集眾說（如晁以道、程泰之、吳仁傑諸家著作）、〈書
序〉不須引冠篇首、指導編輯體例，均未提及李氏受師命編《書說》事。

陳來先生說：「前人有以蔡沈助朱子作《書傳》，而疑此『邵武一朋友』爲蔡
沈。按此書言今年絕無來學者，乃在戊午春夏間，時蔡沈隨季通在貶所，且
蔡氏非邵武人。又按《文集》五十五答李時可五、六、七書皆論編《書》說，
李相祖（時可）即邵武人，答其論《書》說者亦作于丁巳戊午，故此處指李
時可，此又可證答時可論《書說》者確在慶元丁巳戊午間也。」詳見陳氏撰：
《朱子書信編年考證》（上海：上海人民出版社，1989年4月），頁460。

關於陳來先生的意見，按《晦庵先生朱文公集・答謝成之》卷五九稱：「只邵
武一朋友見編《書》說未備，近又遭喪，俟其稍定，當招來講究，亦放《詩
傳》作一書。」（頁1043）今攷李相祖爲光澤人，非邵武人，光澤縣於北宋太
宗興國六年（981）自邵武而獨立，參見《八閩通志》「光澤縣」條。

按：朱熹弟子籍邵武者，凡李閎祖、李壯祖、李公謹、李方子、李東、何鎬、
吳壽昌、吳英、吳浩、劉炎、上官謐、邱鈺、江元益、俞聞中、梁璟、馮允
中、黃孝恭、黃寅、頁武子、任希夷、趙善佐、饒敏學、饒幹等人，其中李
方子有《尚書》類著作（參見本章註19）。以上朱子邵武籍門人詳見：宋・黎
靖德編、王星賢點校：《朱子語類》（北京：中華書局，1986年3月），冊一，
〈卷首記錄姓氏〉。陳讓纂修：《嘉靖邵武府志》（上海：上海古籍出版社影印
天一閣藏明嘉靖刻本，1962年4月）。陳榮捷撰：《朱子門人》（臺北：臺灣學
生書局，1982年3月）。劉樹勳編：《閩學源流・附錄・朱子門人錄》（福州：
福建人民出版社，1993年12月）。

〔註17〕陳埴字器之，號木鐘，學者稱潛室先生，永嘉人，寧宗嘉定年間登進士，著
有《禹貢辯》、《洪範解》、《書說》，詳見陸心源撰：《宋史翼》（北京：中華書
局，1991年12月），卷二五，頁265～266。

〔註18〕謝成（一作誠）之，生平不詳。關於謝成之著《尚書》事，可參見《晦庵先
生朱文公集・答謝成之》，卷五八，頁1043，記朱子示意謝成之收錄林之奇的

李方子〔註19〕等注解《尚書》。〔註20〕慶元五年（1199），朱子授命蔡沈作《書集傳》。次年三月初二，朱熹病重，約蔡沈來考亭相會，並修改《書集傳》部分內容。〔註21〕三月初九，朱子逝世，蔡沈在〈夢奠記〉中說：

> 是夜，先生看沈《書集傳》說數十條及時事甚悉，精舍諸生皆在。四更方退，只沈宿樓下書院。初三日戊午，先生在樓下改《書傳》兩章，又貼修《稽古錄》一段，是夜，說《書》數十條。……先君歿舂陵時，謂沈曰：「先生老矣，汝歸終事之。」未逾年，先生亦歿。

〔註19〕 注解，並討論二〈典〉。《晦庵先生朱文公集・續集・答蔡仲默（三）》，卷三，頁 1826，記謝誠之著有《書說》六卷。
《晦庵先生朱文公集・答謝成之》卷五九，稱「只邵武一朋友見編《書說》未備，近又遭喪，俟其稍定，當招來講究，亦放《詩傳》作一書。」（頁 1043）蔡根祥先生說：「按此所謂『邵武一朋友』，即指蔡沈。邵武為建陽鄰縣，即蔡沈故家所在。」詳見蔡氏撰《宋代尚書學案》，第九章第二節〈蔡沈〉，頁 866。今按：未詳何據？束景南《朱子大傳》：「李方子是邵武人，這裡說的『邵武一朋友』，便應是指李方子。」（頁 1017）「今《語類》中有戊申以後李方子所記語錄，可證其慶元中嘗來考亭。又諸本朱熹年譜皆定慶元四年下『集《書傳》』一條，『二〈典〉、〈禹謨〉、〈金縢〉、〈召誥〉、〈洛誥〉、〈武成〉諸說數篇，及親稿百餘段具在，其他悉口授蔡沈，俾足成之』，此皆本之李方子所作《紫陽年譜》，自是其于慶元四年親來考亭，並親預集《書傳》，故有此說，並非虛語」（頁 1026）。今考李方子，字公晦，號果齋，福建邵武人，寧宗嘉定七年（1214）進士，著有《禹貢解》。朱子稱「近又遭喪」，未詳即指李方子？
按：李氏生平詳見《宋史》卷一八九，頁 12790～12791。《黃宗羲全集・宋元學案・滄洲諸儒學案下》卷六九，頁 727～728 作「昭武人」。

〔註20〕 王懋竑說：「按《文集・答潘子善書》，論《書》解甚詳，而李時可亦有《書》說，亦朱子所命，其書不傳。」詳見王氏撰：《朱子年譜考異・（慶元）四年戊午》（上海：商務印書館，1937 年 6 月），卷四，頁 340。按：錢穆先生〈朱子尚書學〉說：「《文集》卷六十〈答潘子善〉凡十一書，問《易傳》、問《詩》、問《春秋》、問《通鑑》、問《近思錄》，所問甚廣，而問及《書》者為多，然不見有命為《書傳》之證。」（《朱子新學案》，第四冊，頁 89）程師元敏亦以為王懋竑失引。詳見〈朱熹蔡沈師弟子《書序辨說》版本徵孚〉，《經學研究論叢》第三輯（1995 年 4 月），頁 59。

〔註21〕 朱熹〈答蔡仲默（三）〉說：「謝誠之《書說》六卷、陳器之《書說》二卷，今謾附去，想未詳看，且煩為收起，鄉後商量也。」詳見朱氏撰《晦庵先生朱文公集・續集》，卷三，頁 1826。《晦庵先生朱文公集・續集・答蔡仲默四》，卷三：「〈禹貢〉有程尚書說，冊大難送，俟到此可見，稍暇能早下來為佳。」（頁 1826）陳來《朱子書信編年考證》說：「書云『〈洪範傳〉已領，似更詳看。按：蔡沈（仲默）慶元中助朱子作《書傳》，此書因其寄來〈洪範〉之傳而答之。當在丁巳後。』」（頁 444）今攷：慶元丁巳為慶元三年（1197），蔡沈隨侍父親編管道州，尚未奉師命作《書集傳》。

數奇命薄，學未有聞，而父、師俱往，抱無涯之悲，飲終天之恨，
幾何不窘苦而遂死也。（轉引王懋竑《朱子年譜》，卷四下，〈慶元六
年・甲子・先生卒〉，頁 227～229）

蔡沈「性好岑寂，幽隱成癖」，〔註 22〕平居仰觀俯察，默坐終日，他一生
未應科舉，也沒有作官，以山林爲歸宿。〔註 23〕慶元年間，蔡沈寓居建陽，
曾在廬峰之下創大明堂，以爲注《書》之所。〔註 24〕寧宗嘉定初年（1208），
蔡淵、沈兄弟在崇安兜鍪峰下構置南山書堂，相與講學。〔註 25〕嘉定三年

〔註 22〕參見蔡沈〈山中〉詩：「才既非實用，性本愛岑寂。決策西山遊，幽隱遂成癖。
春風百花紅，秋月千嶂碧。煙霞結綢繆，猿鳥自疇昔。乘間撫深曠，噴薄轟
鐵笛。笑抱天柱峰，高寒幾千尺。」轉引《蔡氏九儒書・蔡九峰集》，卷六，
頁 62。

〔註 23〕《嘉靖建陽縣志・登科錄》沒有蔡沈應舉的記錄，眞德秀稱蔡沈「年僅三十，
即屏去舉子業」，應當是可信的。詳見眞氏撰：《眞西山文集・九峰先生蔡君
墓表》，卷四七，頁 7。

〔註 24〕「大明堂」，參見《蔡氏九儒書・蔡氏書堂實錄》：「大明堂在建陽崇泰里雲谷
廬峰之下，慶元間，沈公受師文公之命，作《書集傳》，創書堂二棟五植，以
爲註《書》之所。」（卷一，頁 13）
《弘治八閩通志》「廬峰書院」條：「在縣西崇泰里北峰下，宋乾道間，蔡
沈嘗構精社於此，爲講道著書之所。」見黃氏修：《弘治八閩通志》（北京：
書目文獻出版社，北京圖書館影印明弘治四年刻本，《古籍珍本叢刊》），卷
四四，頁 16。馮繼科《嘉靖建陽縣志》：「宋乾道間（沈）構精社，其下爲
講道之所。南宋寶祐三年（1255），理宗御書『廬峰書院』扁（匾）之。」
（卷五，頁 12）
按：「乾道」（1165～1173）爲南宋孝宗趙慎之年號，時蔡沈年約七歲，不可
能構置廬峰精社，《弘治八閩通志》、《嘉靖建寧府志》、《嘉靖建陽縣志》、《康
熙福建通志》、《古今圖書集成》均誤記。〈久軒蔡先生墓表〉稱蔡抗「建廬峰
書院」，詳見《嘉靖建陽縣志》，卷二，頁 103。
朱公衡〈蔡西山先生祠記〉說：「比視學覽故，則所謂精舍已燬火不存，惟廬
峰下有屋數楹，構制頗恢弘，蓋以特祀先生，而子孫若節齋（蔡淵）、復齋（蔡
沉）俱從祀焉，宋理宗所遺飛白至今存。云歲久就圮廢，豆籩雖具，庭廡剝
落……。今年夏（明世宗嘉靖三十一年，1552），巡臺臨川元山曾公佩按建，
慨然興思，命有司省陋計傾，量工飭材，起廢葺缺，前□益彰，於是廬峰書
院煥然新矣。」（轉引《嘉靖建陽縣志》，卷七，頁 3）由此見「廬峰書院」係
蔡西山祠新建而成，理宗御書「廬峰」（參見劉樹勳編：《閩學源流》，扉頁圖
片三）乃爲褒獎蔡元定。

〔註 25〕「南山書院」，參見《蔡氏九儒書・蔡氏書堂實錄》：「南山草堂在崇安縣武夷
二曲兜鍪峰下，牧堂（蔡發）創書堂三間，爲遊息之所。嘉定戊辰，牧堂公
孫淵、沈兄弟，復構書堂于舊址，相與講學。」（卷一，頁 12）董天工：「蔡
文正公沈建南山書堂……在一曲溪南。」詳見董氏撰：《武夷山志》（臺北：

（1210），沈年四十四，著成《書集傳》。〔註26〕

　　南宋理宗寶祐三年（1255），贈沈太子少師，寶祐四年（1256），贈太子
太師，寶祐五年（1257），加贈永國公。明英宗正統元年（1436），追諡文正
公，明憲宗成化三年（1467），封崇安伯，明世宗嘉靖九年（1530），從祀朱
文公。〔註27〕

第二節　著　述

　　蔡沈的著述不多，〔註28〕主要著作只有《書集傳》、《洪範皇極內篇》二

成文出版社，1974年，影印清乾隆十六年道光二六年五夫尺木軒重刊本），卷
一七，頁37。《古今圖書集成・方輿彙編職方典・建寧府部》，「南山書院」條：
「在武夷三曲虎嘯巖下，宋蔡九峰建以爲講學之所。後人因建祠以祀之，並
祀節齋先生（蔡淵）。」（卷一〇五九，第一四三冊，頁9499）

〔註26〕〈書集傳序〉末題「嘉定己巳三年既望」成書，沈年四十四歲。

〔註27〕參見《蔡氏九儒書・蔡九峰集・蔡子傳》，卷六，頁2。《蔡氏九儒書・蔡九峰
集・附錄》，卷六，頁64～66。

〔註28〕關於蔡沈的著述，有三個問題值得注意：

　（一）朱玉《朱子文集大全類編》收《朱文公年譜事實》一卷，題宋・蔡沈撰。
　　　按：1.《宋史・藝文志》、《文獻通考・經籍考》、《千頃堂書目》均未
　　　著錄蔡沈作《朱文公年譜事實》。2. 蔡模曾撰《朱文公年譜》，詳見蔡
　　　氏撰：《蔡氏九儒書・蔡覺軒集・書朱文公年譜大略》（卷七，頁18），
　　　疑即此書。

　（二）《宋史・藝文志》卷二〇五，頁5175，錄「蔡沈《至書》一卷」；《民
　　　國崇安縣志・藝文》卷一八，引《福建通志》疑蔡沈撰《至書》；《叢
　　　書集成新編・哲學類》第二十二冊，頁52，錄《至書》一卷，題宋・
　　　蔡沈撰，正文前有蔡沈〈至書序〉，稱「嘉定戊辰正月望日（寧宗嘉定
　　　初年，1208）建安蔡沈序」。
　　　按：據蔡格〈至書序〉說：「《至書》者，理之至極者也。天下之理，
　　　中而已。人之學，亦允執厥中而已。……予深懼邪說之橫流，人心之
　　　陷溺，因遠取堯、舜、禹、湯、文、武、孔、顏、曾、孟之書，近述
　　　周、程、張、朱、祖、父之論，名之曰《至書》。」據此〈序〉，可見
　　　蔡格撰《至書》。詳見蔡氏撰：《蔡氏九儒書・素軒公集》（卷五，頁415）、
　　　范弘忠〈素軒蔡先生墓表〉，轉引《蔡氏九儒書・素軒公集・附錄》，
　　　卷二，頁12。

　（三）《蔡氏九儒書・蔡氏九儒著述》卷首，列蔡沈著《尚書集傳》、《洪範
　　　解》、《皇極內篇》三書。
　　　按：蔡沈《洪範解》，《晦庵先生朱文公集・續集・答蔡仲默（二）》卷
　　　三：「〈洪範傳〉已領，俟更詳看，然不敢率易改動如餘子。書一面寫，
　　　後日早來取。」此『洪範傳』，常指《書集傳・洪範》而言。

書，《民國崇安新志・藝文》卷十八，著錄蔡沈「《皇極剛克要略》一卷，今佚」，據蔡權〈皇極剛克要略序〉，可知此書傳撰作之內容及其用意，他說：

> 權按：戰陣之法，始於黃帝與炎帝戰於阪泉，擒蚩尤于涿鹿，繼于姒啓之征有扈。然五帝三王之迭興，行軍以仁義，自無敵于天下。文、武並用長久之術，此皇極所以貴剛克也。但後世之爲將者，知術數而不知仁義，是徒欲以法制驅之，而帝王仁義之師蔑如也。然天下之數，九而究矣。九者，數之體也，八而極焉。八者，數之用也，減一而爲陣，益一以爲戰……故我先君，上自風后，下接孫、吳，雜考百家傳記之說者，著爲《要略》，使人知黃帝以來，用兵以仁義，如此其善；孫、吳以降，用兵以術數，如彼其毒，則時君世主知所好惡，不至於窮兵黷武、玩殺看鬥，以殘吾民之命，其用心亦厚矣。（《蔡氏九儒書・靜軒集》，卷九，頁 4）

大體而言，蔡沈治學分爲二方面：一是經學，他繼承了朱子學智識主義傾向的傳統，〔註29〕對於《易》、《詩》、《書》、《禮記》、《春秋》、《論語》、《孟子》、〈中庸〉等儒家經典，都有廣泛的研究，〔註30〕其中《書集傳》最能代表蔡沈的研究成果。二是理數學，〔註31〕如《洪範皇極內篇》，其書兼采朱熹的「理」和蔡元定的象數學，〔註32〕構成獨特的體系，屬於宋《易》中象數

據劉爚〈西山先生墓表誌銘〉說，蔡元定著有《洪範解》。朱彝尊《經義考》曰：「蔡氏元定《洪範解》一卷，未見。」（卷九六，頁 3）《蔡氏九儒書》錄「蔡沈《洪範解》一卷」，疑誤錄蔡元定書。

〔註29〕 詳見本文〈緒論〉，註 1。

〔註30〕 參見蔡有鵾輯《九峰公集》一卷，內容包括〈中庸〉註語二段、《上論》註語六段、《下論》註語七段、《上孟》註語六段、《下孟》註語十一段、《書集傳》十卷、《周易訓解・後序》、《易學啓蒙》註語二段、《詩經大全》錄註語十九段、《春秋大全》錄註語九段、《禮記大全》錄註語二段。

〔註31〕 關於蔡沈之理數哲學，可參閱侯外廬、邱漢生、張豈之：〈蔡沈的《洪範皇極》〉，《宋明理學史》（北京：人民出版社，1984 年），第十七章，頁 529～538；高令印、陳其芳：〈蔡沈的哲學思想〉，《福建朱子學》（福州：福建人民出版社，1986 年 10 月），頁 94～108；朱伯崑：〈蔡元定和蔡沈的河洛之學〉，《易學哲學史》（北京：北京大學出版社，1988 年 1 月），中冊，頁 394～425；簡明：〈邵雍蔡沈理數哲學爭議〉，《華中師範大學學報》（哲學社會科學版），1994年第五期（1994 年 10 月），頁 75～79。

〔註32〕 關於蔡元定的象數學，請參見《皇極經世指要》。
真德秀〈跋虞復之春秋大義〉說：「先生（蔡元定）於《經》亡不通而未及論著，顧嘗語三子，曰淵『女宜紹吾《易》學』，曰沈『女宜演吾〈皇極〉數，而《春秋》則屬知方焉』。」詳見真氏撰：《真西山文集》（臺北：臺灣商務印

學的系統。〔註33〕

　　蔡沈的象數學出於家傳，其父、祖皆以象數學聞名。據朱熹〈跋蔡神與絕筆〉說，蔡發對於《易》象、天文、地理之學，頗有研究。他將二程《語錄》、邵雍《皇極經世書》、張載《正蒙》稱爲「孔、孟正脈」，授子元定（《朱文公文集》卷八三，頁1498）。雖然二程、邵、張的學術路向不盡相同，蔡發的說法也不完全正確，但可反映出蔡氏父子的學術兼有義理、象數兩個方面。〔註34〕關於蔡沈撰述《洪範皇極內篇》的動機，眞德秀〈九峰先生蔡君墓表〉有詳細的說明：

　　　〈洪範〉之數，學者久失其傳，聘君（元定）獨心得之，然未論著，
　　　亦曰「成吾書者沈也」。君既受父、師之託，凜凜然常若有負，蓋沈
　　　潛反覆者數十年，然後克就。（《眞西山文集》，卷四二，頁8）

所謂「〈洪範〉之數」，指蔡氏父子用〈洛書〉解釋〈洪範〉九疇。〔註35〕他采用劉歆「天出書于洛，禹別之以爲〈洪範〉九疇」的說法，認爲「數」是天地、人事、萬物運動和變化的根源，人可以藉「數」來「決疑、成務、順性命之理」（《洪範皇極·內篇》，頁585），〈洪範皇極內篇序〉說：「天地之所以肇者，數也；人物之所以生者，數也；萬事之所以失得者，亦數也。」（頁564）又說：「〈洛書〉者，數之原也。」（《洪範皇極內篇·序》，頁564），據此，〈洛書〉成了萬物生成變化的模式。

　　蔡氏的《洪範皇極內篇》是一種筆記式的著作，內容包括〈洪範皇極序〉、〈洪範皇極圖〉（有〈洛書〉、〈九九圓數圖〉、〈九九方數圖〉、〈九九行數圖〉、〈九九積數圖〉、〈洪範皇極內篇〉、〈洪範內篇數總名〉）。有關《洪範皇極內

　　　　書館，《四部叢刊》正編），卷四。
〔註33〕參見朱伯崑《易學哲學史》，第七章，〈南宋時期易學哲學的發展〉，頁335～
　　　　337。
〔註34〕參見侯外廬、邱漢生、張豈之：〈蔡元定的《皇極經世指要》和《律呂新書》〉，
　　　　《宋明理學史》（北京：人民出版社，1984年），第十七章，頁519。
〔註35〕劉歆說：「伏羲氏繼天而王，受〈河圖〉則而畫之，八卦是也。禹治洪水，錫
　　　　〈洛書〉，法而陳之，〈洪範〉是也。」轉引《漢書·五行志》。《書集傳》卷
　　　　一：「『洪範九疇』，原出於天，鯀逆水性，汨陳五行，故帝震怒，不以與之，
　　　　此彝倫所以敗也。禹順水之性，地平天成，故天出書于洛，禹別之以爲『洪
　　　　範九疇』，此彝倫所以敘也。按孔氏曰：『天與禹神龜，負文而出，列於背，
　　　　有數至九』。《易》言『河出〈圖〉，洛出〈書〉，聖人則之』，蓋治水功成，洛
　　　　龜呈瑞，如蕭韶奏而鳳儀，《春秋》作而麟至，亦其理也。世傳戴九履一，左
　　　　三右七，二四爲肩，六八爲足，即〈洛書〉之數也。」

篇》五卷,《玉海》、《永樂大典》、《續文獻通考》、《四庫全書總目》均有收錄,惟書名、卷數不一,〔註 36〕茲據謝無竼〈洪範皇極內篇序〉稱「九峰先生廣西山之家學,暢考亭之師傳,著《皇極內篇》」,定其書名。今日流傳的版本,如蔡有鵾編《蔡氏九儒書‧蔡九峰集‧洪範皇極內篇》、黃宗羲編《宋元學案‧九峰學案‧洪範皇極》、《四庫全書》系統的文淵閣本、文津閣本、文瀾閣本、四庫薈要本。

前文論及蔡沈認為「數」為天地、人事、萬物生成變化的根源,那麼「數」又根源於什麼呢?蔡沈說:

> 理之所始,數之所起,微乎其微,其小無形;昭乎昭乎,其大無垠。微者,昭之原。小者,大之根。有先有後,孰離孰分?成性存存,道義之門。老氏為虛,釋氏為無,形名失實,陰陽多拘,異端曲學,烏乎不渝哉!(《洪範皇極內篇》,頁 570)

> 有理斯有氣,氣著而理隱。有氣斯有形,形著而氣隱。人知形之數,而不知氣之數;人知氣之數,而不知理之數,知理之數,則幾矣。動靜可求其端,陰陽可求其始,天地可求其初,萬物可求其紀,鬼神知其所幽,禮樂知其所著,生知所來,死知所去。《易》曰:「窮神知化,德之盛也。」(《洪範皇極內篇》,頁 570)

對於「理」和「數」的關係,蔡沈引用程、朱的觀點,主張有理就有數,「數」依「理」而存在,「理」藉「數」而顯現,即「聖人因理而著數,天下因數以明理」(《洪範皇極內篇》,頁 580),陳真晟批評說:

> 九峰之學,似未得為淳者也,只觀其〈自序〉,乃以窮知化與獨立物表者而並言,亦可見矣。則其著而為書,豈能盡粹哉?⋯⋯若物之表,果有一箇可獨立者,則是莊、列之空虛者,康節所謂老子得《易》之體者,正亦謂此,是皆於大體上見有未瑩,故喜道此語也。使於體用一源、顯微無間之旨,見得透徹,必不肯道此語也。(《陳剩夫先生集》,卷三,〈覆憲副何喬新書〉,頁 1～3)

〔註 36〕歷代書志記蔡沈《洪範皇極內篇》五卷,書名、卷數不一:《玉海》卷三七,題「《洪範數》」,不載卷數;《永樂大典》、《性理大全》題「《洪範內篇》」;《蔡氏九儒書‧九峰公集》卷六,題「《洪範皇極內篇》」(分上、中、下);《續文獻通考》題「《洪範皇極內外篇》」,不載卷數;《古今圖書集成‧經籍典》卷六二,題「《皇極內篇》」;《四庫全書總目》卷一○八,子部,術數類一,頁 2140 題「《洪範皇極內外篇》五卷」。

蔡沈又區分「象」、「數」的異同，他說：「《易》更四聖，而象已著；〈範〉
錫神禹，而數不傳。後之作者，昧象、數之原，窒變通之妙，或即象而爲數，
或反數而擬象。《洞極》用〈書〉，《潛虛》用〈圖〉，非無作也，而牽合傅會，
自然之數，益晦蝕焉。」（《洪範皇極內篇·序》，頁 564）這是說明《周易》
講象，〈洪範〉講數，由於〈洪範〉之數不傳，後人誤解「象數」係一獨立名
詞。蔡沈接著又說明「象」、「數」的屬性不同（「象」主靜爲體，「數」主動
爲用），他回答說：

> 數者，動而之乎靜者也；象者，靜而之乎動者也。動者用之所以行，
> 靜者體之所以立。清濁未判，用實先焉。天地已位，體斯立焉。用
> 既爲體，體復爲用。體用相仍，此天地萬物所以化生而無窮也。（《洪
> 範皇極內篇》，頁 577）

蔡沈除了繼承家學，又用元定的「〈河〉十〈洛〉九說」發展成爲「〈河〉偶
〈洛〉奇說」，以「奇」、「偶」論〈河圖〉、〈洛書〉之異同，他說：「〈河圖〉
體圓而用方，聖人以之而畫卦；〈洛書〉體方而用圓，聖人以之而敘疇。卦者，
陰陽之象也；疇者，五行之數也。象非耦不立，數非奇不行，奇耦之分，象、
數之始也。」（《洪範皇極內篇》，頁 576）這是說卦象的演成，由二而四，由
四而八，八八六十四卦——基於偶數。〈範〉數由一而三，由三而九（即〈洪
範〉九疇），成於八十一，備於六千五百六十一——基於奇數，黃瑞節說：「九
峰蔡氏撰〈皇極內篇數〉爲一書，于是有〈範數圖〉八十一章，六千五百六
十一變。」（轉引黃宗羲撰：《宋元學案·九峰學案·附錄》，卷六七，第五冊，
頁 670）依黃瑞節，那麼蔡氏父子當是此一體系的創始者，〔註37〕全祖望評論
「文正之《皇極》，自爲一家」，〔註38〕也說明了《洪範皇極》的獨特性。

〔註37〕參見侯外廬、邱漢生、張豈之：〈蔡沈的《洪範皇極》〉，《宋明理學史》（北京：
人民出版社，1984 年），第十七章，頁 531。

〔註38〕參見黃宗羲撰：《宋元學案·九峰學案》（杭州：浙江古籍出版社，1992 年 8
月），卷六七，第五冊，頁 562。

第二章　《書集傳》之成書經過、板本與體例

第一節　《書集傳》之成書經過

　　《書集傳》是蔡沈對儒家經典最主要的研究成果，關於他的研究動機及成書經過，在《書集傳・序》中有詳盡的說明：

　　　　慶元己未冬，先生文公令沈作《書集傳》，明年，先生歿，又十年始克成編，總若干萬言。……沈自受讀以來，沈潛其義，參考眾說，融會貫通，迺敢折衷。微辭奧旨，多述舊聞。二〈典〉、〈禹謨〉，先生蓋嘗正是，手澤尚新。嗚呼！惜哉！（蔡沈自注：「先生改本，已附《文集》中，其間亦有經承先生口授指畫而未及盡改者，今悉更定，見本篇。」）《集傳》本先生所命，故凡引用師說，不復識別。四代之書，分爲六卷。文以時異，治以道同，聖人之心見於《書》，猶化工之妙著於物，非精深不能識也。是《傳》也，於堯、舜、禹、湯、文、武、周公之心，雖未必能造其微；於堯、舜、禹、湯、文、武、周公之書，因是訓詁亦可得其指意之大略矣。嘉定己巳三月既望，武夷蔡沈序。（《朱文公訂正門人蔡九峰書集傳》，〈九峰蔡先生書集傳序〉）

按：「慶元己未」即南宋寧宗慶元五年（1199），蔡沈受朱熹囑託作《書集傳》。慶元六年（1200），朱熹病逝，〈序〉稱「明年，先生歿，又十年始克成編」，應當是寧宗嘉定三年（1210）。今據〈九峰蔡先生書集傳序〉末題「嘉定己巳」，則是嘉定二年（1209）成書，前後約費時十一年光陰。

　　南宋理宗淳祐七年（1247），蔡沈子蔡抗，官秘書省著作佐郎、樞密院編修官兼諸王官大小學教授，爲表彰父學，乃繕寫〈書傳問答〉、《書集傳》和〈小序〉成十二冊，觀呈理宗。蔡抗奏稱《書集傳》乃是「先臣沈辛勤三十年」而得（《朱文公訂正門人蔡九峰書集傳》，〈面對延和殿所得聖語〉），這也許是蔡抗以蔡《傳》之「微辭奧旨，既得於（朱子）講貫之餘」（《朱文公訂正門人蔡九峰書集傳》，〈上書集傳表〉）來計算《書集傳》的成書時間。眞德秀〈蔡君九峰墓表〉說：

> 文公晚年，訓傳諸經略備，獨《書》未及于整，環視門生，求可付者，遂以屬君。〈洪範〉之數，學者久失其傳，聘君（元定）獨心得之，然未論著，亦曰「成吾書者沈也」。君既受父、師之託，凜凜然常若有負，蓋沈潛反覆者數十年，然後克就。（《眞西山文集》，卷四二，頁7）

《四庫全書總目》評論眞氏「數十年然後克就」的說法：「蓋誤衍一『數』字。」（《書》類一，《書經集傳》提要，卷一一，頁271）今通讀全文，眞德秀稱沈書「數十年然後克就」，應當是總計《書集傳》、《洪範皇極內篇》二書而言。

　　關於《書集傳》，另一個值得考察的問題，即朱熹改定《書集傳》的問題。據蔡沈〈書集傳序〉說：「二〈典〉、〈禹謨〉，先生蓋嘗正是（沈自注：「先生改本，已附《文集》中，其間亦有經承先生口授指畫而未及盡改者，今悉更定，見本篇。」）《集傳》本先生所命，故凡引用師說，不復識別。」蔡抗也表示：

> 先臣沈從游最久，見道已深，俾加探索之功，以遂發揮之志。微辭奧旨，既得於講貫之餘；大要宏綱，盡授以述作之意。往復之緘具在，刪潤之墨如新。（《朱文公訂正門人蔡九峰書集傳》，〈上書集傳表〉）

> 先臣此書皆是朱熹之意。朱熹晚年訓傳，諸經略備，獨《書》未有訓解。以先臣從游最久，遂授以大意，令具稿而自訂正之。今朱熹刪改親筆，一一具存。（《朱文公訂正門人蔡九峰書集傳》，〈面對延和殿所得聖語〉）

董鼎《書傳輯錄纂註》乃爲捍朱而作（〈書蔡氏傳輯錄纂註序〉，頁8208），他在〈大禹謨〉「正月朔旦，受命于神宗；率百官，若帝之初」下，標示「朱子親集《書傳》，自孔〈序〉止此，其他大義悉口授蔡氏，並親稿百餘段，俾足

成之」（卷一，頁8245）。〔註1〕又說：「（朱子）既嘗親訂定之，則猶其自著也。」（〈書蔡氏傳輯錄纂註序〉，頁8208）據此，王懋竑有不同的意見，他說：「其二〈典〉、〈禹謨〉，據《文集》乃改定蔡《傳》。至〈金縢〉、〈召誥〉、〈洛誥〉、〈武成〉諸說，皆早年作。『親稿百餘段』，則《文集》無之。蔡〈序〉言『引用師說，不復識別』，亦不言別有親稿百餘段也。」（《朱子年譜考異》，卷四下，〈四月戊午・六十九歲集《書傳》〉，頁340）〔註2〕關於諸家說法，較值得注意的是：

1. 朱熹曾對門人陳淳（1153～1217）表示「《書》解甚易，只等蔡仲默來便了」（《朱文公訂正門人蔡九峰書集傳》，〈書傳問答・陳淳安卿記朱熹語〉），可見朱子肯定蔡沈《尚書》學造詣。

2. 從朱、蔡往來的書信來看，其一，慶元五年（1199），朱子一再催促蔡沈儘快前來考亭，議訂《書集傳》綱領（《晦庵先生朱文公集・續集》，卷三，〈答蔡仲默〉五，頁1826）其二，蔡氏注〈堯典〉「朞三百有六旬有六日」，朱子提示寫作《書集傳》的體例（《朱文公文續集》，卷三，〈答蔡仲默〉四，頁1826）。其三，朱子曾附送謝誠之、陳埴、程大昌諸家書供蔡沈參酌（《朱文公文續集》，卷三，〈答蔡仲默〉四，頁1826）。其四，朱子揭示注《書》的原則，在於「直須見得二帝三王之心。而通其所可通，毋強通其所難通」。（《朱文公文續集》，卷三，〈答蔡仲默〉五，頁1826）。

3. 從《書集傳》的體例來看，蔡沈據師法，總置〈書序〉於五十八篇經文之後。

4. 從《書集傳》的著成時間來看，《書集傳》成書於朱子歿後十年，朱子不可能訂定全本。

〔註1〕董書言「親稿百餘段」，或即〈書疑序〉稱朱子〈典〉、〈謨〉手稿，王柏說：「朱子於……《書》，止解〈典〉、〈謨〉三篇而已，後又有〈金縢〉、〈召誥〉、〈洛誥說〉及〈考定武成〉凡四篇。予嘗多幸，得觀〈典〉、〈謨〉手筆，密行細字，東圈西補，蓋非一日之所更定，其用力精勤如此。」（《經義考》，卷八四，頁3引）

〔註2〕據程師元敏表示：「（王懋竑）殆未察董書，遂疑其出處。夫董鼎族兄夢程，黃榦、董銖之弟子也，於晦庵爲再傳，鼎因夢程而私淑朱學，可謂淵源有自，時代又甚近，朱子予蔡之親稿，或嘗寓目，乃記於此也。」詳見〈朱熹蔡沈師弟子書序辨說版本微孚〉，《經學研究論叢》，第四輯（1995年10月），頁67。

第二節　版　本

　　《書集傳》〔註3〕六卷，脫脫等《宋史・藝文志》、馬端臨《文獻通考・經籍考》、紀昀等《四庫全書總目》、瞿鏞《鐵琴銅劍樓藏書目錄》、莫友芝《邵亭知見傳本書目》、傅增湘《藏園群書經眼錄》均有著錄，且卷數一致，惟書名略有不同。〔註4〕

　　自宋迄清，各代學人對蔡《傳》極為重視，元、明兩代均頒之學官，故刊刻版本繁多，如宋代之蜀本，〔註5〕元代雙桂書堂、德星書堂、日新書堂本，明代崇正堂、司禮監、吉澄刻本，清代芥子園、四庫全書本……，六百年間可考善本達四十餘種。〔註6〕今存宋、元嘉槧如下：

〔註3〕據蔡沈〈九峰蔡先生書集傳序〉稱「先生文公令沈作《書集傳》」，這是敘述《書集傳》書名最簡潔可信的文字。

〔註4〕《宋史・藝文志》題「《書傳》六卷」（卷二○二，頁5044），《文獻通考・經籍考》題「《書集傳》」（卷四，頁124），《康熙福建通志・藝文志》題「《書經集語》」（卷六○，頁11），《四庫全書總目》題「《書集傳》六卷」（卷一一，頁271），《鐵琴銅劍樓藏書目錄》題「《朱子訂定蔡氏集傳》六卷」（頁134～136），《邵亭知見傳本書目》題「《書集傳》六卷」（頁33），《藏園群書經眼錄》題「《朱文公訂正門人蔡九峰書集傳》六卷」（卷一，頁30）。

〔註5〕按：蔡抗《朱文公訂正門人蔡九峰書集傳・面對延和殿所得聖語》：「玉音云『曾刊行？』臣奏『坊中板行已久，蜀中亦曾板行，今家有其書』。」可見呂遇龍刊刻《朱文公訂正門人蔡九峰書集傳》之前，坊間至少已流傳坊刻本與蜀本，今佚。

〔註6〕詳見1.《內閣文庫漢籍分類目錄》（臺北：古亭書屋，民國59年8月）。2.《中國古籍善本書目・經部》（上海：上海古籍出版社，1990年2月），頁104～107。3.《臺灣公藏善本書目人名索引》（臺北：國立中央圖書館，民國61年8月），頁975～976。

　　據以上書目，列今存元、明、清《書集傳》刊本如下：

1. 《書集傳》六卷、《朱子說書綱領》一卷，明刻本。
2. 《書集傳》六卷，明刻本。
3. 《書集傳》六卷，明崇禎元年閔齊伋刻本。
4. 《書集傳》六卷、〈書序〉一卷，附圖一卷。明正統十二年司禮監刊本。
5. 《書集傳》六卷、〈書序〉一卷，明正統十二年司禮監刊本。
6. 《書集傳》六卷，明正統十二年司禮監刊本。
7. 《書集傳》，存五卷，朝鮮內閣舊刊本。
8. 《書集傳》六卷，鄒季友音釋，《四庫全書》本、《摛藻堂四庫彙要》本。
9. 《書經傳》六卷，鄒季友音釋，元至正十一年德星書堂刻本。
10. 《書經傳》六卷，鄒季友音釋，元至正十四年新書堂刻本。
11. 《書經傳》：存四卷，鄒季友音釋，元至正十四年德星書堂刻本。
12. 《書經傳》六卷，鄒季友音釋，元刻本。

（一）北京圖書館藏南宋理宗淳祐十年呂遇龍上饒郡學刻本：《朱文公訂正門
人蔡九峰書集傳》六卷，〈書傳問答・贈太師徽國公朱熹與先臣沈手帖〉
一卷，〈小序〉一卷。

按：北京圖書館藏南宋理宗淳祐十年（1250）呂遇龍上饒郡學刻本，爲
現存《書集傳》的最早板本，且保存完整，誠爲稀世之珍。呂遇龍〈跋〉稱
「（蔡抗）茂明家學，而遇龍得以承教焉，遂從攷質」，可見此書曾經蔡、呂
二人考校，鑴刻而爲郡學讀本，本書之價值，自較一般坊刻爲高。

該本流傳情況，於清代之前已無從考證，茲據書中鈐有「安樂堂藏書記」
印記，可見此書曾經清怡親王允祥收藏。清同治年間，安樂堂宋元珍本散出，

13. 《書經傳》六卷，鄒季友音釋，元刻本。
14. 《書經傳》：存四卷，鄒季友音釋，明刻本。
15. 《書經傳》六卷，〈朱子說書綱領〉一卷，鄒季友音釋，明正統十二年內
府刻本。
16. 《書經傳》六卷，附圖一卷。〈朱子說書綱領〉一卷，鄒季友音釋，明正
統十二年內府刻本。
17. 《書經傳》六卷，鄒季友音釋，清同治五年吳氏望三益齋刻本。
18. 《書經集傳》六卷，明嘉靖吉澄刻本。
19. 《書經集傳》六卷，明吳勉學刻本。
20. 《書經集傳》六卷，明金陵奎璧齋刻本。
21. 《書經集傳》六卷，明崇禎四年海陽汪應魁校刊本。
22. 《書經集傳》六卷，清嘉慶五年掃葉山房刻本。
23. 《書經集傳》六卷，清金閶步月樓刻本。
24. 《書經集傳》六卷，清片善堂惜字公局刻本。
25. 《書經集註》六卷，明書林克勤齋余明台刻本。
26. 《書經集註》六卷，明嘉靖三十五年廣東崇正堂刻本。
27. 《書經集註》六卷，明書林新賢堂張閔岳刻本。
28. 《書經集註》六卷，明刻本。
29. 《書經集註》十卷，明初葉建刊黑口本。
30. 《書經集註》十卷，明嘉靖二年贛州府刻本。
31. 《書經集註》十卷，明嘉靖三十年倪淑刻萬曆二十三年倪甫英倪家澂重
修本。
32. 《書經集註》十卷、〈書序〉一卷，明嘉靖間贛州清獻堂刊巾箱本。
33. 《書經集註》十卷，明嘉靖二年贛州府刻本。
34. 《書經集註》十卷，明隆慶三年周文奎刻本。
35. 《書經集註》十卷，明萬曆元年雄沖宇刻本。
36. 《書經集註》十卷，明萬曆五年寶文照傳芳書屋刻本。
37. 《書經集註》十卷，明刻本，莫棠跋。
38. 《書經集註》十卷，明刻本，李盛鐸跋。
39. 《書經集註》十卷，明刻本，鄒季友音釋。

經山東聊城楊氏海源閣收藏，書中「東郡宋存書室珍藏」印記可爲證。然楊紹和《海源閣藏書目》、《楹書隅錄》皆不著錄，故傅增湘稱此書爲「聊城楊氏海源閣遺籍」（《藏園群書經眼錄》，頁 30）。民國初年，海源閣藏書散出天津，輾轉由北京圖書館購得，今收入《古逸叢書三編》，由中華書局影印出版。

此本每半葉十行，行十八字，小注雙行同（卷一，葉一八，後十，「猶雲徂乎」，「雲」當作「云」），黑口，右左雙邊。版心鐫字數，上魚尾記書名，下魚尾記葉數（卷六，複「卅二」頁），底記刻工名，有劉子和、華琇、曹圭、毛亨父、王嵩、吳山、周亮、王昌、李信諸人。〔註7〕宋諱徵、貞、讓、頊、勗、亶、桓、恒、愼、敦、燉、惇、廓、溝字均缺末筆。〔註8〕各卷後有「淳

〔註7〕 見〈後省看詳〉、〈書傳問答〉、〈九峰蔡先生書集傳序〉、〈大序〉、〈舜典〉、〈盤庚上〉、〈説命中〉諸頁，版心記刻工名。

〔註8〕 南宋淳祐十年呂遇龍上饒郡學刻本，避諱字如下：

1. 《書集傳・舜典》「舜生三十載，徵庸三十，在位五十載，陟方乃死」（卷一，頁10），避北宋仁宗趙禎諱「徵」、「貞」等字。

2. 《書集傳・洛誥》「我二人共貞」，避「貞」字諱（卷五，頁8）。

3. 〈舜典〉「（共工）垂拜稽首，讓于殳、斨（從《書集傳》，定「殳」、「斨」爲二人）暨伯與」（卷一，頁16），北宋英宗趙曙之父名「允讓」，避帝父諱「讓」字諱。

4. 參見〈書大序〉「少昊、顓頊、高辛、唐虞之書，謂之五典」（卷首，頁1），避北宋神宗趙頊諱「頊」、「勗」等七字。

   參見〈牧誓〉「夫子勗哉！不愆于四伐、五伐、六伐、七伐，乃止齊焉」，避「勗」字諱（卷四，頁10）。

5. 參見〈泰誓上〉「惟天地萬物父母，惟人萬物之靈，亶聰明，作元后，元后作民父母」（卷四，頁2），避欽宗趙桓（初名亶，又名烜）諱「亶」、「桓」、「恒」等七字。

   參見〈牧誓〉「勗哉夫子！尚桓桓，如虎、如貔、如熊、如羆，于商郊」，避「桓」字諱（卷四，頁10）。

   參見〈禹貢〉「太行、恒山，至于碣石，入于海」，避「恒」字諱。（卷二，頁19）

6. 參見〈大禹謨〉「可愛非君？可畏非民？眾非元后何戴？后非眾，罔與守邦。欽哉！愼乃有位，敬修其可願。四海困窮，天祿永終。惟口出好興戎，朕言不再」（卷一，頁25），避南宋孝宗趙昚諱「愼」等九字。

7. 參見《書集傳・舜典》「《春秋傳》所記四凶之名，與此不同。說者以窮奇爲共工、渾敦爲驩兜、饕餮爲三苗、檮杌爲鯀，不知其果然否也」（卷一，頁14），避光宗趙惇諱「惇」、「敦」、「燉」等二十四字。

   參見〈舜典〉「食哉，惟時！柔遠能邇，惇德允元，而難任人，蠻夷率服」，避「惇」字諱。（卷一，頁14）

   參見《書集傳・禹貢》「三危，即舜竄三苗之地。或以爲燉煌，未詳其地」，避「燉」字諱（卷二，頁18）。

祐庚戌季秋金華後學呂遇龍校正刊於上饒郡學之極高明」二行題記。正文前附蔡抗〈進《書集傳》表〉，題「淳祐七年八月日奉議郎秘書省著作佐郎兼權侍右郎官兼樞密院編修官兼諸王官大小學教授臣蔡抗上表」、〈面對延和殿所得聖語〉、〈後省看詳〉文、〈書傳問答〉一卷；全書卷尾有〈書序〉（板心刻「書後序」）一卷，及黃自然、孫監、呂遇龍等手書跋文（皆低一格書寫），後鈐二方藏書印記。

（二）中央圖書館藏南宋刊八行本：《書集傳》，今存〈書傳問答拾遺‧晦庵先生與先君手帖〉、〈書序〉（板心刻作「後序」）一卷。

　　此本每半葉八行，行十五字，傳低一格，刀工勁健，字大精麗，頗為悅目。版心黑口，左右雙欄，雙魚尾，上記書名、大小字數，下記刻工名一字，如「劉、玉、中、子、錢、信、肖、友、文」等。藏印「東宮書府」、「迠圖收藏」。

（三）中央圖書館藏元建刊初印本：《蔡氏集傳》六卷，首蔡沈〈自序〉，次〈大序〉、六卷正文、〈小序〉、〈文公問答‧文公先生與蔡九峰親帖〉。

　　此本每半葉十一行，行廿一字，小注雙行。版心小黑口，四周雙欄，雙魚尾，左上欄有書耳記篇目。藏印「王氏二十八宿研齋秘笈之印」、「秀州王氏珍藏之印」、「蔭嘉」、「殷泉」等。

（四）北京圖書館藏元至正十四年（1354）日新書堂刻本（卷四至六，配補至正五年虞氏明復齋刻本）：《蔡沈集傳》六卷，鄒季友〈音釋〉，卷末附〈小序〉。

　　此本，卷一至三，每半葉十一行，行廿字，小字雙行同。黑口，四周雙欄。卷三至六，每半葉十三行，行廿二字，小注低一格，行廿五字，〈音釋〉雙行同。黑口，四周雙欄。第六卷後有木記，題「至正乙酉菊節虞氏明復齋刊」，〈小序〉後亦有木記「至正乙酉良月南谿明復齋刊」。

　　在宋刊呂遇龍上饒郡學刻本尚未發現之前，流傳於世的板本，如明正統十二年（1847）司禮監刊本，〔註9〕將〈小序〉總置於正文六卷前。

---

8. 參見〈康誥〉：「別求聞由古先哲王，用康保民，弘于天。」《書集傳》「弘者，廓而大之也」（卷四，頁43），避寧宗趙擴諱「擴」、「廓」、「漷」等七字。
　　參見《書集傳‧禹貢》「又按徐之水有泗、有汶、有沂、有濟」（卷二，頁8）。

〔註9〕《蔡沈集傳》六卷、《小序》一卷，明正統十二年司禮監刊本，藏中央圖書館。此本每半葉八行，行十四字，小注雙行字數同。版心黑口，左右雙欄，雙魚尾。

此外，與《書集傳》有關的著作，如董鼎《書傳輯錄纂註》，國家圖書館藏元至正十四年（1354）建安翠巖精社刊董鼎《書蔡傳輯錄纂註》、臺灣大學研究圖書館藏日本文化十一年（1811）刊《昌平叢書》本，〔註10〕皆將〈小序〉移於經文前。陳師凱《書蔡傳旁通》（元至正五年余氏勤有堂刊本）、劉三吾《書傳會選》（明趙府味經堂刻本），據《書集傳》，復合〈小序〉為一篇，總置經後。胡廣等奉敕撰《書傳大全》（明內府刊本），復《書集傳》之舊，置〈小序〉於經後；但是，《四庫全書》本即刪去《書傳大全》書前〈凡例〉、引用先儒姓氏、纂修諸臣名銜、〈書集傳序〉，書末又刪去〈書序〉。

按：國家圖書館藏元至正十四年建安翠巖精社刊董鼎《書蔡傳輯錄纂註》，此本每半葉十一行，行廿字，註小字雙行，行廿四字。版心小黑口，四周雙欄。雙魚尾，左上欄外有書耳記篇目。〈朱子說書綱領〉末有「『慶元』甲午孟夏翠巖精社新刊」雙行記，〈小序〉合為一篇，置於五十八篇正文前，有「王澳天文圖書」、「季振宜藏書」印記。正文末端題「朱子訂定蔡氏集傳後學鄱陽董鼎輯錄纂註」，〈諸家姓氏〉末題「建安後學余安定編校」。北京圖書館、上海涵芬樓另藏有此本，如涵芬樓藏本，〈小序〉總置於全經之末。《皕宋樓藏書志》稱：「按此元翠巖精社刊本……。〈序〉後有『□□甲午孟夏翠巖精社新刊』木記，諸書後有『建安後學余安定編校』一行，元至正十四年，歲在甲午，所缺蓋『至正』二字。」（卷四，頁 14）今收入《四部叢刊》，影印出版。按：「慶元」為南宋寧宗趙擴之年號（1195～1200），據董氏〈自序〉，《書蔡傳輯錄纂註》撰成於「元至大戊申」（即武宗至大元年，1308）。可見國家圖書館藏董書「慶元」二字為後人妄改，係偽充宋版。

臺灣大學研究圖書館藏日本享保九年（1724）京都今村八兵衛刊本，刪去〈小序〉不刊。《四庫全書總目》說：

> 〈小序〉一卷，沈亦逐條辨駁，如朱子之攻〈詩序〉，今其文猶存，而書肆本皆削去不刊。考朱升《尚書旁注》稱〈古文書序〉自為一篇，孔注移之，各冠篇首，蔡氏刪之而置於後，以存其舊，蓋朱子

〔註10〕據臺灣大學研究圖書館藏《昌平叢書》，存五十八種，六三五卷，目錄一卷。（日）島田藩根輯，日本明治四十三年（1910）東京松山堂彙印本。《昌平叢書》，《書》類收董鼎《書傳輯錄纂註》、陳櫟《蔡氏集傳纂疏》二種。《書傳輯錄纂註》，此本每半葉十一行，小字雙行，行三十字，左右雙欄，單魚尾。卷首〈書集傳序〉，〈纂註引用諸家姓氏〉後有「建安後學余安定編校」九字。卷一至卷六，末題「後學成德校訂」六字。

所授之旨。是元末明初刊本,尚連〈小序〉。然《宋史‧藝文志》所著錄者,亦止六卷,則似自宋以來,即惟以《集傳》單行矣。元何異孫《十一經問對》稱吉州所刊蔡《傳》,仍以〈書序〉置之各篇初,不害其為蔡《傳》,蓋一家之板本,非通例也。(卷一一,經部,《書》類一,頁271～272)

余嘉錫《四庫提要辨證》則表示:

陳鱣〈經籍跋文〉云「『宋本《書集傳》六卷,後載〈書序〉,亦有注。蓋《集傳》于〈書序〉,亦如朱子之攻〈詩序〉,逐條辨駁,後來書肆重刻,率爾削去』。是宋時刻本已合〈序〉于《集傳》,後《宋‧志》僅著錄六卷,當由於此,非以《集傳》單行也。」(卷一,頁24)

關於《四庫全書總目》、《四庫提要辨證》的說法,有二點值得注意:一是〈書序〉在《書集傳》中的位置;二是《書集傳》的卷數:

其一,蔡氏〈書集傳序〉稱「姑依安國壁中之舊,復合〈序〉為一篇,以附卷末」,已說明〈小序〉總置於五十八篇經文之後,如《朱文公訂正門人蔡九峰書集傳》、南宋刊八行本《書集傳》、元建刊初印本《蔡氏集傳》、元至正十四年建安翠巖精社刊《書蔡傳輯錄纂註》……諸刊本之〈小序〉,板心皆刻作「後序」,可見《四庫全書總目》指「(蔡《傳》)元末明初刊本,尚連〈小序〉」的說法是不正確的。

其二,《書集傳》之卷數有二個板本系統,一是六卷本系統,如《朱文公訂正門人蔡九峰書集傳》;二是十卷本系統,出自《書傳大全》,〔註11〕如中央圖書館藏《書經集註》明建刊黑口本、《書經集註》嘉靖間贛州清獻堂刊巾箱本、北京圖書館藏《書經集註》明萬曆元年雄沖宇刻本、臺灣大學研究圖書館藏《蔡氏九儒書‧書經集註》、清同治七年(1868)旴南三餘書屋刊本,均為十卷本,其內容並無增刪(指正經),茲據明建刊黑口本《書集傳》,列其卷目如下:

卷一:〈堯典〉、〈舜典〉
卷二:〈大禹謨〉、〈皋陶謨〉、〈益稷〉
卷三:〈禹貢〉、〈甘誓〉、〈五子之歌〉、〈胤征〉

〔註11〕據中央圖書館藏《書傳大全》,明內府刊本,〈書傳大全凡例〉稱:「《集傳》舊為六卷,今采輯諸說,卷帙增益,復釐為十卷。」

卷四：〈湯誓〉、〈仲虺之誥〉、〈湯誥〉、〈伊訓〉、〈太甲上〉、〈太甲中〉、〈太甲下〉、〈咸有一德〉

卷五：〈盤庚上〉、〈盤庚中〉、〈盤庚下〉、〈說命上〉、〈說命中〉、〈說命下〉、〈高宗肜日〉、〈西伯戡黎〉、〈微子〉

卷六：〈泰誓上〉、〈泰誓中〉、〈泰誓下〉、〈牧誓〉、〈武成〉、〈洪範〉

卷七：〈旅獒〉、〈金縢〉、〈大誥〉、〈微子之命〉、〈康誥〉、〈酒誥〉、〈梓材〉

卷八：〈召誥〉、〈洛誥〉、〈多士〉、〈無逸〉、〈君奭〉、〈蔡仲之命〉

卷九：〈多方〉、〈立政〉、〈周官〉、〈君陳〉、〈顧命〉、〈康王之誥〉

卷十：〈畢命〉、〈君牙〉、〈冏命〉、〈呂刑〉、〈文侯之命〉、〈費誓〉、〈秦誓〉

關於《書集傳》的卷數，本不包括〈書序〉，根據蔡沈《書集傳·序》說：「四代之書，分爲六卷。」這是敘述《書集傳》卷數，最簡潔明白的文字。今考《四庫提要辨證》「宋時刻本已合〈序〉于《集傳》，後《宋·志》僅著錄六卷，當由於此」的說法，也是不正確的。

有關其他板本，﹝註12﹞如《中國叢書綜錄·類編·經類·經義》（上海：上海古籍出版社，1993 年 10 月），頁 611，列清·伊樂堯輯：《五經補綱本》（清咸豐四年晉江黃宗漢刊本，藏北京大學圖書館），收蔡沈〈書序說〉一卷、〈書序註〉一卷。惜未見，謹誌於此。

第三節　體　例

蔡沈的《書集傳》是一種經注體的著作，這種經、注的詮釋結構，盛於東漢。南北朝時代，新的注疏體形成，至唐高宗永徽四年（625）《五經正義》頒行，完成固定的結構。﹝註13﹞北宋仁宗慶曆以後（指 1048），學者多摒棄漢、唐舊注，重新建立典範，稱爲「新經學」。﹝註14﹞蔡沈處於宋學成熟期，他的

﹝註12﹞ 今坊間流傳的板本，約有下列數種：
1. 《書經集註》（臺中：瑞成書局，1964 年 12 月），據明刊本影印。
2. 《書經集註》（永和：大方出版社，1978 年 11 月），據明刊本影印。
3. 《新刊四書五經·書經集傳》（北京：中國書店，1994 年 4 月），黎明、李煒、秦靜、蘇闖、張寬春、趙燕頤據《四庫全書本》校點。

﹝註13﹞ 參見張寶三先生撰：〈正義之體式〉，《五經正義研究》（臺北：國立臺灣大學中文研究所博士論文，1992 年 6 月），頁 89～129。

﹝註14﹞ 「新經學」一詞，參見陳植鍔先生撰：〈從疑傳到疑經－宋學初期疑古思潮論述〉，《中國經學史論文選集》下冊（臺北：文史哲出版社，1993 年 3 月），頁

《書集傳》卻折衷漢、宋，在體例上遵照漢、唐經注體的解經結構，在內容上兼取漢、宋眾說，不專主一派而成。

本節首言《書集傳》章節的編次，次論〈注〉文的體例，本節所論，多就其普遍性言之，其餘則不一一指陳。

一、章節的編次

關於《書集傳》的體例，今據南宋淳祐十年呂遇龍上饒郡學刻本，茲將全書體例略加介紹。

卷首有蔡沈〈自序〉，先言撰作《書集傳》的研究動機及成書經過，再說明著書的目的，在於「見得二帝三王之本心」。蔡氏在〈大序〉注文下提出四個問題，主要是懷疑〈序〉、《傳》的作者，其次是考辨偽《書》。以上為《書集傳》卷首的大要，以下將臚列各卷之篇目：

卷一：〈堯典〉、〈舜典〉、〈大禹謨〉、〈皋陶謨〉、〈益稷〉

卷二：〈禹貢〉、〈甘誓〉、〈五子之歌〉、〈胤征〉

卷三：〈湯誓〉、〈仲虺之誥〉、〈湯誥〉、〈伊訓〉、〈太甲上〉、〈太甲中〉、〈太甲下〉、〈咸有一德〉、〈盤庚上〉、〈盤庚中〉、〈盤庚下〉、〈說命上〉、〈說命中〉、〈說命下〉、〈高宗肜日〉、〈西伯戡黎〉、〈微子〉

卷四：〈泰誓上〉、〈泰誓中〉、〈泰誓下〉、〈牧誓〉、〈武成〉、〈洪範〉、〈旅獒〉、〈金縢〉、〈大誥〉、〈微子之命〉、〈康誥〉、〈酒誥〉、〈梓材〉

卷五：〈召誥〉、〈洛誥〉、〈多士〉、〈無逸〉、〈君奭〉、〈蔡仲之命〉、〈多方〉、〈立政〉

卷六：〈周官〉、〈君陳〉、〈顧命〉、〈康王之誥〉、〈畢命〉、〈君牙〉、〈冏命〉、〈呂刑〉、〈文侯之命〉、〈費誓〉、〈秦誓〉

《書集傳》的篇目次第，據偽《古文尚書》而定，惟〈小序〉總置在正《經》末，不計入正式卷數。在正《經》部分，大抵是各篇篇首均有一段解說文字（以下稱為「解題」），舉〈堯典〉為例：

> 《虞書》，虞舜氏因以為有天下之號也。《書》凡五篇，〈堯典〉雖紀唐堯之事，然本虞史所作，故曰《虞書》。其〈舜典〉以下，夏史所作，當曰《夏書》，《春秋傳》亦多引為《夏書》，此云《虞書》，或

22～35。

以爲孔子所定也。〈堯典〉，「堯」，唐帝名，《説文》曰「典從冊，在
兀上，尊閣之也。」此篇以簡冊載堯之事，故名曰〈堯典〉，後世以
其所載之事可爲常法，故又訓爲「常」也。《今文》、《古文》皆有。
（卷一，頁1）

據《書集傳》「解題」，可得出下列數事：

1. 說明各篇命名之意，如〈堯典〉，蔡沈引錄他說以爲對照（指《左傳》，
   〈僖公二十七年〉，趙盾引《夏書·舜典》）。

2. 注明《今文》、《古文》（先記《今文》，後記《古文》），如〈堯典〉篇
   題下：「《今文》、《古文》皆有。」（卷一，頁1）〈大禹謨〉篇題下：「《今
   文》無，《古文》有。」（卷一，頁20）

3. 重新思考前人《經》說的正確性，如《書集傳》對僞《孔傳》、《尚書
   正義》的批評。

4. 檢討經傳作者，如考辨〈小序〉非孔子作。

5. 懷疑經書篇章字句的可靠性，如蔡沈指〈康誥〉、〈梓材〉文字錯合。

6. 重新改定篇章文字次序，如〈武成〉改本。

7. 重新編定篇次，如編定〈皋陶謨〉、〈益稷〉全屬《虞書》，並以〈禹貢〉
   爲《夏書》首篇。

二、注文的體例

蔡沈解《經》，總的形式，如朱子〈答李相祖書〉所說，「序次以注疏爲
先，疏節其要者，以後只以時世爲先後可也，其統論即附篇末」（《朱文公文
集》，卷五五，頁988）。至於〈注文〉的基本形態，或直釋某字義，如「某、
某也」；或於單獨字義之解釋外總結此句、全段之文意；或於某一說解，加一
案斷；或於不可曉的章節，以「未詳」、「未知所據」、「難解」的形式，表示
闕疑；或酌引眾說，以爲對照。以上所論爲《書集傳》解經的表現形式，今
舉例於下：

（一）直釋其義

「直釋其義」，是《書集傳》解釋經文含義的基本形式，如「某、某」、「某，
某也」、「某者，某」、「某者，某也」、「某，猶某也」；或引用他說，如「亦曰」、
「或曰」；或結成其說，如「故曰」。今舉其大要，以〈堯典〉例表如下：

形　式	原　典	《書集傳》
某，某	「平章」百姓	平，均。章，明也
某，某也	克「明」俊德	明，明之也。
某者，某	「乃」命羲和	乃者，繼事之辭。
某者，某也	西曰「昧谷」	昧谷者，以日所入而名也。
某，猶某也	三百又六旬又六日	朞，猶周也。
亦曰	以殷仲秋	亦曰殷者，秋分，陰之中也。
或曰	胤子朱啓明	或曰「胤」，國。「子」，爵。堯之諸侯也。
故曰	黎民於變時庸	黎，黑也。民首皆黑，故曰黎民。

（二）總結文意

1. 〈康誥〉：「王曰『嗚呼！封。敬明乃罰。人有小罪非眚，乃惟終，自作不典；式爾，有厥罪小，乃不可不殺。乃有大罪非終，乃惟眚災適爾；既道極厥辜，時乃不可殺。』」《書集傳》：

　　此下謹罰也。「式」，用。「適」，偶也。人有小罪，非過誤，乃其固爲亂常之事。用意如此，其罪雖小，乃不可不殺。即〈舜典〉所謂：「刑故無小也。」人有大罪，非是故犯，乃其過誤，出於不幸，偶爾如此，既自稱盡道，輸其情，不敢隱匿，罪雖大，時乃不可殺，即〈舜典〉所謂：「宥過無大也。」諸葛孔明治蜀，服罪輸情者，雖重必釋，其「既道極厥辜，時乃不可殺」之意歟！（卷四，頁43）

蔡氏總結此段文意，以「此下某某也」提端，以下分釋字義。

2. 〈堯典〉「帝曰：『疇咨若時登庸？』放齊曰：『胤子朱啓明。』帝曰：『吁！嚚訟可乎？』」《書集傳》：

　　此下至「鯀……績用弗成」，皆爲禪舜張本也。「疇」，誰。「咨」，訪問也。「若」，順。「庸」，用也。堯言：「誰爲我訪問能順時爲治之人而登用之乎？」「放齊」，臣名。「胤」，嗣也。「胤子朱」，堯之嗣子丹朱也。「啓」，開也，言其性開明可登用也。「吁」者，歎其不然之辭。「嚚」，謂口不道忠信之言。「訟」，爭辯也。朱蓋以其開明之才用之於不善，故嚚訟。禹所謂傲虐是也。此見堯之至公至明，深知其子之惡，而不以一人病天下也。或曰：「『胤』，國。『子』，爵。堯時諸侯也。《夏書》有『胤侯』，《周書》有『胤之舞衣』。」今亦未

見，其必不然，姑存於此云。（卷一，頁 4）

蔡《傳》總結（1）「帝曰：『疇咨若時登庸？』放齊曰：『胤子朱啓明。』帝曰：『吁！嚚訟可乎！』(2) 帝曰：『疇咨若予采？』驩兜曰：『都！共工方鳩僝功。』帝曰：『吁！靜言庸違，象恭滔天。』(3) 帝曰：『咨！四岳。湯湯洪水方割，蕩蕩懷山襄陵，浩浩滔天；下民其咨。有能俾乂？』僉曰：『於！鯀哉！』帝曰：『吁！咈哉！方命圮族。』岳曰：『异哉。試可乃已。』帝曰：『往，欽哉！』九載，績用弗成」三段文意，言皆爲禪舜張本。

（三）案　斷

1.〈多方〉「惟聖罔念作狂，惟狂克念作聖。天惟五年須暇之子孫，誕作民主，罔可念聽」，《書集傳》說：

> 紂雖昏愚，亦有可改過遷善之理，故天又未忍遽絕之，猶五年之久，須待暇寬於紂，覬其克念，大爲民主，而紂無可念可聽者。五年必有指實而言，孔氏牽合歲月者，非是。（卷五，頁 37）

武王伐紂，僞《孔傳》謂「五年須暇湯之子孫」，孔穎達稱文王受命九年而崩。武王服喪三年，於十一年觀兵孟津，十三年克殷，從五年至十三年，是五年也（《尚書注疏》，卷一七，頁 9）蔡《傳》認爲「五年」者，「必有指實而言」，惜未詳言。

2.〈書大序〉「承詔爲五十九篇作《傳》，于是遂研精覃思，博考經籍，采摭群言，以立訓傳。約文申義，敷暢厥旨，庶幾有補于將來。〈書序〉，序所以爲作者之意，昭然義見，宜相附近，故引之各冠其篇首，定五十八篇」，《書集傳》說：

> 詳此章雖說〈書序〉，序，所以爲作者之意，而未嘗以爲孔子所作，至劉歆、班固始以爲孔子所作。……今按：安國此〈序〉，不類西京文字，疑或後人所託，然無據，未敢必也。以其本末頗詳，讀者宜考焉。（〈大序〉，案語，頁 5）

按：蔡《傳》往往引用相關資料，分析前人研究成果，批評得失，以「今按」、「愚謂」的方式，從而得出結論。

（四）闕　疑

1.〈堯典〉「帝曰：『疇咨若予采？』驩兜曰：『都！共工方鳩僝功。』帝曰：『靜言庸違，象恭滔天。』」《書集傳》釋「滔天」：

「滔天」二字未詳，與下文相似，疑有舛誤。（卷一，頁5）

蔡沈解《尚書》，云「某某，未詳」，計〈大序〉一則、〈堯典〉二則、〈禹貢〉五則、〈盤庚〉一則、〈康誥〉二則、〈多士〉一則、〈君奭〉二則、〈康王之誥〉一則、〈呂刑〉一則，此為《書集傳》表示厥疑的基本形式。

2. 〈舜典〉「月正元日，舜格于文祖」，《書集傳》說：

「月正」，正月也。「元日」，朔日也。漢孔氏曰：「舜服堯喪三年畢，將即政，故復至文祖廟告。」蘇氏曰：「受終告攝，此告即位也。」然《春秋》國君皆以遭喪之明年正月即位於廟而改元，（唐）孔氏云「喪畢之明年」，不知何所據也？（卷一，頁14）

《書集傳》表示「厥疑」，另有二種型態：其一，「某某，未知何據」，見〈舜典〉例。其二，「某某，難解」，見〈召誥〉「天既暇終大邦殷之命，茲殷多先哲王在天，越厥後王後民，茲服厥命。厥終智藏瘝在。夫知保抱攜持厥婦子，以哀籲天；徂厥亡、出執。嗚呼！天亦哀於四方民，其眷命用懋，王其疾敬德」，《書集傳》：「此章語多難解。大意謂天既欲遠絕大邦殷之命矣，而此殷先哲王，其精爽在天，宜若可恃者，而商紂受命，卒致賢智者退藏，病民者在位。民困虐政，保抱攜持其妻子，哀號呼天，往而逃亡，出見拘執，無地自容，故天亦哀民而眷命歸於勉德者。天命不常如此，今王其可不疾敬德乎？」（卷五，頁3）

（五）參酌眾說

甲、參酌本經

此處所謂「本經」，係指《尚書》之經文。蔡氏徵引本經，約有卅五例，分布於〈堯典〉、〈舜典〉、〈大禹謨〉、〈皋陶謨〉、〈禹貢〉、〈胤征〉、〈泰誓上〉、〈泰誓中〉、〈武成〉、〈金縢〉、〈康誥〉、〈立政〉、〈顧命〉、〈呂刑〉諸篇，今舉例於下：

1. 〈舜典〉：「三載考績；三考，黜陟幽明，庶績咸熙。分北三苗。」《書集傳》釋「三苗」：

「三苗」見於經者，如〈典〉、〈謨〉、〈益稷〉、〈禹貢〉、〈呂刑〉詳矣。蓋其負固不服，乍臣乍叛，舜攝位而竄逐之。禹治水之時，三危已宅而舊都猶頑不即工，禹攝位之後，帝命徂征而猶逆命，及禹班師而後來格，於是乃得考其善惡而分北之也。〈呂刑〉之言遏絕，則通其本末而言，不可以先後論也。（卷一，頁18）

《尚書》五十八篇中,「苗」字凡十七見,詳見〈舜典〉、〈大禹謨〉、〈皋陶謨〉、〈益稷〉、〈禹貢〉、〈仲虺之誥〉、〈呂刑〉諸篇。蔡氏釋〈舜典〉「分北三苗」,分取〈舜典〉「竄三苗于三危」(卷一,頁 13)、〈大禹謨〉「惟時有苗弗率,汝徂征」、「三旬,苗民逆命」(卷一,頁 26、27)、〈皋陶謨〉「何遷乎有苗」(卷一,頁 29)、〈益稷〉「各迪有功,苗頑弗即工,帝其念哉」(卷一,頁 38)、〈禹貢〉「三危既宅,三苗丕敘」(卷二,頁 18)、〈呂刑〉「皇帝哀矜庶戮之不辜,報虐以威,遏絕苗民,無世在下」(卷六,頁 27)相互為證。

2. 〈武成〉:「惟一月壬辰,旁死魄,越翼日癸巳,王朝步自周,于征伐商。」《書集傳》:

> 「一月」,建寅之月。不曰正,而曰一者,商建丑,以十二月為正朔,故曰一月也,詳見〈太甲〉、〈泰誓〉篇。「壬辰」,以〈泰誓〉「戊午」推之,當是一月二日。「死魄」,朔也。二日,故曰「旁死魄」。「翼」,明也。先記「壬辰,旁死魄」,然後言「癸巳,伐商」者,猶後世言某日必先言某朔也。「周」,鎬京也,在京兆鄠縣上林,即今長安縣昆明池北鎬陂是也。(卷四,頁 11)

蔡氏以〈武成〉、〈太甲〉、〈泰誓〉相互為證,即據〈太甲中〉「惟三祀,十有二月朔,伊尹以冕服奉嗣王歸于亳」(卷三,頁 15)、〈泰誓中〉「惟戊午,王次于河朔,群后以師畢會」,《書集傳》說:「『戊午』,以〈武成〉考之,是一月二十八日。」(卷四,頁 5)

乙、參酌他經

蔡氏引他經,如《易》八則、《詩》廿則、《禮記》三則、《周禮》四十一則、《左傳》十二則、《公羊傳》一則、《穀梁傳》二則、《論語》十則、《孟子》廿四則、《爾雅》十則,今舉例如下:

1. 〈堯典〉:「曰若稽古:帝堯曰放勳。」《書集傳》:

> 「曰」、「粵」、「越」通,《古文》作「粵」。「曰若」者,發語辭,《周書》:「越若來三月。」亦此例也。「稽」,考也,史臣將敘堯事,故先言考古之帝堯者,其德如下文所云也。「曰」者,猶言其說如此也。「放」,至也,猶《孟子》言「放乎四海」是也。「勳」,功也,言堯之功大而無所不至也。(卷一,頁 4)

《孟子・萬章上》:「〈堯典〉曰:二十有八載,放勳乃徂落。」趙岐注:「放勳,堯名。」(卷九,頁 164)朱子說:「林少穎解『放勳』之『放』,作『推

而放之四海」之『放』，比之程氏說爲優。」（《朱子語類》，〈尚書一〉，輔廣錄，卷七八，頁 305）林之奇《尚書全解》說：「『放勳』，李校書曰：『放』者，大而無所不至也。《禮記》說：夫孝，置之而塞乎天地，溥之而橫乎四海，施諸後世而無朝夕，推而放諸東海而準，推而放諸西海而準，推而放諸南海而準，推而放諸北海而準。鄭玄云：『放』猶『至』也。謂堯有大功也。孔子曰：大哉！堯之爲君也，蕩蕩乎！民無能名焉。是『勳』之謂也。此說甚善。」（卷一，頁 6470）蔡氏本諸師法，取趙注〈離婁下〉「放乎四海」（《孟子》，卷八，頁 145），以「放」爲「至」注「放勳」。

2.〈禹貢〉：「濟、河惟兗州：九河既道，雷夏既澤，灉、沮會同；桑土既蠶，是降丘宅土。厥土黑墳。厥草惟繇，厥木惟條。厥田惟中下，厥賦貞。作十有三載乃同。厥貢漆絲，厥篚織文。浮于濟漯，達于河。」《書集傳》釋「九河」：

> 《爾雅》：一曰徒駭、二曰太史、三曰馬頰、四曰覆鬴、五曰胡蘇、六曰簡絜、七曰鉤盤、八曰鬲津，其一則河之經流也。先儒不知河之經流，遂分「簡絜」爲二。……自漢以來，講求九河者甚詳，漢世近古，止得其三。唐人集累世積傳之語，遂得其六。歐陽忞《輿地記》又得其一。或新河而載以舊名；或一地而互爲兩說；要之，皆似是而非，無所依據。至其顯然謬誤者，則班固以滹沱爲徒駭，而不知滹沱不與古河相涉。樂史，馬頰乃以漢篤馬河當之。鄭氏求之不得，又以爲「九河」，齊威塞其八流以自廣。夫曲防，齊之所禁，塞河宜非威公之所爲也，河道可塞而河道果能盡平乎？皆無稽攷之言也。（卷二，頁 5）

蔡氏引《爾雅》說明「九河」的名稱，合「簡絜」爲一河，與朱注不同。《四書集註・孟子》「禹疏九河」云：「曰徒駭、曰太史、曰馬頰、曰覆釜、曰胡蘇、曰簡、曰絜、曰鉤盤、曰鬲津。」（〈滕文公〉，頁 126）分「簡」、「絜」爲二。考《爾雅・釋水》「徒駭、太史、馬頰、覆鬴、胡蘇、簡、絜、鉤盤、鬲津，九河」（卷七，頁 121），邢〈疏〉「簡」、「絜」爲二河流名。「齊桓塞河」事，見鄭玄據《春秋緯・寶乾圖》「移河爲界在齊呂，填淤八流以自廣」，指「齊桓公塞之，同爲一河」（《爾雅・邢流》卷七，頁 122）。朱子說：「當時葵丘之會，申五禁，且曰無曲防，是令人不得私自防遏水流，他終不成自去塞了最利害處，便是這般說話亦難憑問。」（《朱子語類》，〈尚書二〉，葉賀孫錄，

卷七九，頁 333）蔡沈亦以爲「齊桓塞河」事不可信。

丙、參酌他書

此處所謂「他書」，係指子、史、集部諸書，如《國語》、《戰國策》、《吳越春秋》、《汲冢周書》、《列女傳》、《史記》、《史記・索隱》、《漢書》、《通典》、《老子》、《莊子》、《荀子》、《呂氏春秋》、《方言》、《說文解字》、《廣韻》、〔註15〕《楚辭》、《昭明文選》、《柳河東集》、《昌黎先生集》、《劉夢得集》、《山海經》、《水經》、《寰宇記》、《元和志》、《楚地記》、《輿地記》等書，今舉例如下：

1. 〈堯典〉：「帝曰：『咨！四岳。湯湯洪水方割，蕩蕩懷山襄陵，浩浩滔天；下民其咨。有能俾乂？』僉曰：『於！鯀哉！』帝曰：『吁！咈哉！方命圮族。』岳曰：『异哉。試可，乃已。』帝曰：『往！欽哉！』九載，績用弗成。」《書集傳》：

> 王氏曰：「圓則行，方則止。『方命』，猶今言廢閣詔令也。蓋鯀之爲
> 人，悻戾自用，不從上令也。『圮』，敗族類也，言與眾不合，傷人
> 害物，鯀之不可用者，以此也。《楚辭》言『鯀婞直』，是其方命、
> 圮族之證也。」（卷一，頁 4）

蔡氏引王安石《尚書新義》，〔註16〕〈離騷〉「曰鯀婞直以亡身兮，終然殀乎羽之野」（《楚辭章句》，第一，頁 11）證〈舜典〉、〈洪範〉「殛鯀」之說，此爲《書集傳》引書證經的基本形態。

2. 〈禹貢〉：「荊、河惟豫州：伊、洛、瀍、澗，既入于河；滎波既豬，導菏澤，被孟豬。厥土惟壤，下土墳壚。厥土惟中上，厥賦錯中上。厥貢漆、枲、絺、紵，厥篚纖，錫貢磬錯。浮于洛，達于河。」《書集傳》釋「伊水」：

> 豫州之域，西南至南條，荊山北距大河。「伊水」，《山海經》曰「熊
> 耳之山，伊水出焉，東北至洛陽縣南，北入于洛。」郭璞云：「熊耳
> 在上洛縣南，今商州上洛縣也。」《地志》言「伊水出弘農盧氏之熊
> 耳」者，非是。「洛水」，《地志》云「出弘農郡上洛縣冢領（嶺）山」，
> 《水經》謂之讙舉山，今商州洛南縣冢領山也，至鞏縣入河，今河

〔註15〕 《書集傳・武成》引《廣韻》：「俾，從也。」（卷四，頁 12）
《書集傳》引《廣韻》僅此一則，無關音韻考證。

〔註16〕 《書集傳》引〈王氏曰〉計一二則，參見〈堯典〉、〈皐陶謨〉、〈仲虺之誥〉、〈盤庚上〉、〈盤庚中〉、〈武成〉、〈梓材〉、〈召誥〉、〈洛誥〉、〈周官〉、〈君陳〉諸篇。
按：此「王氏」應指王安石，參見程師元敏撰：《三經新義輯考彙評（一）－尚書》，頁 270～271。

南府鞏縣也。（卷二，頁 13）

蔡氏引《山海經》注「伊水」，今考《山海經・中山經》第五，「伊水」條：「又西二百里，曰蔓渠之山，其上多金玉，其下多竹箭。伊水出焉，而東流注于洛。」（頁 123）〈中山經〉「熊耳之山」條，「又西二百里，曰熊耳之山，其上多漆，其下多椶。浮濠之水出焉，而西流于洛，其中多水（美）玉，多人魚。」（頁 131）均無蔡氏引文。

丁、參酌他說

此處所謂「他說」，係指漢、宋儒之《書》說，如伏勝（西元前 260～？）、劉向（西元前 771～前 6）、馬融（79～166）、鄭玄（127～200）、王肅（195～256）、孫炎、皇甫謐（215～282）、劉焯（544～610）、陸德明（566～627）、孔穎達（574～648）、劉敞（1019～1068）、胡旦、〔註 17〕歐陽修（1007～1072）、〔註 18〕王安石（1021～1086）、范祖禹（1041～1098）、〔註 19〕蘇軾（1036～1101）、毛晃、〔註 20〕程頤（1033～1107）、〔註 21〕晁說之（1059～1129）、〔註 22〕楊時（1053～1135）、〔註 23〕葉夢得（1077～1148）、曾旼、

〔註 17〕《書集傳・禹貢》引「胡氏曰」一則，此指胡旦。
　　　　按：〈禹貢〉「九江孔殷」，《書集傳》：「本朝胡氏以洞庭為九江者，得之。」（卷二，頁 11）《朱文公文集・九江彭蠡辨》說：「唯國初胡秘監旦、近世晁詹事說之皆以九江為洞庭，則其援證皆極精愽。」（〈雜著〉，卷七二，頁 1313）胡旦，字周父，濱州渤海人，生卒年不詳。少有儁才，博學能文辭，北宋太宗太平興國三年（978）舉進士第一……以秘書省少監致仕，居襄州，再遷秘書監，卒。旦喜讀書，既喪明，猶令人誦經史，隱几聽之不少輟。著《漢春秋》、《五代史略》、《將帥要略》、《演聖通論》、《唐乘》、《家傳》等書。生平詳見《宋史》，卷四三二，頁 12830～12831。
〔註 18〕《書集傳》引「歐陽曰」計一則，此指歐陽修〈泰誓論〉。
〔註 19〕《書集傳・說命下》引「范氏曰」計一則，疑指范祖禹〈說命解〉。
　　　　按：《文獻通考・經籍考》：「顏、吳、范、司馬〈無逸〉、〈說命解〉三卷，晁氏曰『皇朝吳安時、范祖禹、司馬康，元祐中侍講筵，顏復說《書》崇政殿，曰所進講說也』。」（卷四，頁 119）
〔註 20〕《書集傳》引「程子曰」計十則，此指程頤《書說》。
〔註 21〕《四庫全書總目》稱《書集傳》多用毛晃《禹貢指南》（卷一一，經部，《書》類一，頁 10），惟《書集傳》中未見援引「毛氏說」。
　　　　毛晃《禹貢指南》，《經義考》曰：「二卷，未見。」（卷九三，頁 6）四庫館臣自《永樂大典》輯出《禹貢指南》四卷。
〔註 22〕《書集傳》明引「晁氏曰」計十則，此指晁說之。
　　　　按：晁說之字以道，一字伯似，又字季此，自號景迂。據晁健〈景迂生集跋〉稱晁說之撰有《書晁氏傳》、《書論》等書，惜燬于兵燹。
　　　　《書集傳》暗用晁氏《書》解，如蔡沈釋〈禹貢〉「九江孔殷」，蔡沈說：「九

〔註24〕吳棫（？～1154）、胡宏（1105～1155）、〔註25〕張綱（1083～1166）、〔註26〕薛季宣（1134～1173）、〔註27〕林之奇（1112～1176）、〔註28〕張栻（1133～1180）、〔註29〕呂祖謙（1137～1118）、史浩（1106～1194）、〔註30〕

江即今之洞庭也。」（卷二，頁 11）今按：「九江即洞庭説」出自晁説之，詳見程大昌《禹貢論‧九江》：「近世晁説之氏雜引《山海經》、《博物志》、《水經》、《地記》，而斷以洞庭應塞九江。」（《論》上，二十五，頁 31）

〔註23〕《書集傳》引「楊氏曰」計二則，此「楊氏」疑即楊時。按：《文獻通考‧經籍考》曰楊時《書義辨疑》一卷，稱其書「專攻王雱之失」（卷四，頁 117），《經義考》曰「未見」（卷七九，頁 7）；《書集傳》另引楊時〈中庸傳〉一則。

〔註24〕《書集傳‧禹貢》引「曾氏曰」凡一二則，此「曾氏」疑即曾旼。按：《朱子語類》卷七八：「曾彥和，熙豐後人，解〈禹貢〉，林少穎、吳才老甚取之。」（〈尚書一〉，〈綱領〉，吳振錄，頁 304）《宋元學案補遺別附》卷二：「曾旼，字彥和，龍溪人。熙寧六年（1073）進士，爲《書》解，朱熹、呂祖謙皆取之，其解〈禹貢〉，晁穎、吳棫甚取之。」（頁 85）《宋史》錄「曾旼等撰《講義》三十卷」（〈志〉第一百五十五，〈藝文〉一，《書》類，頁 5043）。《經義考》曰：「曾氏旼等《尚書講義》，佚。」（卷七九，頁 8）

〔註25〕〈康誥〉「朕其弟小子封」，《書集傳》引「胡氏」，應指胡宏，詳見《朱文公文集》，卷五七，頁 1033。

〔註26〕《書集傳‧堯典》「允恭克讓」暗用張綱《書解》，參見《朱子語類》卷七八：「『允恭克讓』用張綱説，謂『信恭能讓，作《書》者贊詠堯德如此』。」（〈尚書一〉，〈堯典〉，廖德明錄，頁 21）
按：張綱，字彥正，金壇人。生平詳見《華陽集》，卷四〇，洪箴〈張公行狀〉。《宋史‧藝文志》錄張綱：「《解義》三十卷。」（《書》類，頁 5043）《經義考》曰：「張綱：《尚書講義》，佚。」（卷八〇，頁 1）

〔註27〕《書集傳》引「薛氏曰」計六則，參見〈禹貢〉、〈康誥〉，此指薛季宣《書古文訓》。

〔註28〕《書集傳》明引林之奇《尚書全解》，計二十四則。

〔註29〕〈咸有一德〉「德無常師，主善爲師；善無常主，協于克一」，《書集傳》引「張氏」曰：《虞書》『精一』數語之外，惟此爲精密。」（卷三，頁 20）《朱子語類》卷七九：「張敬夫謂《虞書》『精一』四句與此爲《尚書》語之最精密者，而《虞書》爲尤精。」（〈尚書一‧咸有一德〉，余大雅錄，頁 340）
按：張栻，字敬夫，一字欽夫，一字樂齋，號南軒，綿竹人。生平詳見《宋史》，卷四二九，頁 12770～12776。

〔註30〕〈洛誥〉「公！予小子其退即辟于周，命公後」，《書集傳》暗用「史氏」説，稱「命公後」爲周公，不爲伯禽。（卷五，頁 11）
按：《朱子語類》卷七八：「先生云：『曾見史丞相書否？』劉云：『見了。看他説『昔在』二字，其説甚乖。』曰：『亦有好處。』劉問：『好在甚處？』曰：『如『命公後』，眾説皆云『命伯禽爲周公之後』，史云『成王既歸，命周公在後，看公定，予往矣一言，便見得是周公且在後之意』。」（〈尚書〉一，〈綱領〉，黃卓錄，頁 20）朱子稱「史丞相書」，應指史浩《尚書講義》。史浩，字直翁，自號真隱居士，鄞縣人，南宋孝宗時拜相，生平詳見《宋史》，卷三九六，頁

程大昌（1123～1195）、〔註31〕吳仁傑、〔註32〕葛子平、〔註33〕李經、〔註34〕朱熹（1130～1200）、蔡元定（1135～1198）、〔註35〕夏僎、〔註36〕陳氏、

12065～12069。史浩著有《講義》二一二卷，參見《宋史・藝文志》，《書》類，頁5043。《經義考》曰：「史浩《尚書講義》，未見。」（卷八○，頁8）

〔註31〕 《書集傳・禹貢》引「程氏曰」計一一則，此指程大昌《禹貢論》。

〔註32〕 《書集傳・洪範》引「吳仁傑曰」計二則。
按：《宋元學案・滄州諸儒學案上》卷六九：「吳仁傑，字斗南，一字南英，自號蹯隱。其先洛陽人，居崑山。博洽經史，講學於朱子之門。登淳熙進士第，歷羅田令、國子學錄。有《古周易》、《洪範辨圖》、《漢書刊誤補遺》等書。」（《黃宗羲全集》，第五冊，頁304）《宋史・藝文志》錄吳仁傑「《尚書洪範辨圖》一卷」（《書》類，頁5043），《經義考》曰「未見」。

〔註33〕 《書集傳》引「葛氏曰」計四則，此「葛氏」疑指葛子平。
朱子〈答李時可〉：「元祐〈說命〉、〈無逸〉講義及晁以道、葛子平、程泰之、吳仁傑數書先附去，可便參訂。」（《晦庵先生朱文公集》，卷五五，頁989）
按：此處「子平」應指字，今考葛璙，字子平，江陰人。南宋高宗紹興五年（1135）進士甲科，官朝奉大夫，知道州。生平詳見《嘉靖江陰縣志》（上海：上海古籍出版社影印天一閣藏明嘉靖間刊本），卷一四，頁3。今未詳「葛子平」是否即「葛璙」，姑誌於此，以俟知者。

〔註34〕 《書集傳・禹貢》引「李氏曰」計一則，此「李氏」疑即李經。
按：李經字叔異（或作「易」，詳見《書傳輯錄纂註》，〈朱子說書綱領〉，輔廣錄，頁6）《朱子語類》卷七八：「李經叔異，伯紀丞相弟，解《書》甚好，亦善考證。」（〈尚書〉一，〈綱領〉，吳振錄，頁19）

〔註35〕 據劉爚〈西山先生墓表誌銘〉說，蔡元定著有《洪範解》。（卷一一，頁8）真德秀〈九峰先生蔡君墓表〉說：「〈洪範〉之數，學者久失其傳，聘君獨心得之，然未及論著，亦曰『成吾書者沈也』。」（卷四二，頁7）朱彝尊《經義考》曰：「蔡氏元定《洪範解》一卷，未見。」（卷九六，頁3）
按：《書蔡氏傳輯錄纂註・洪範》「惟十有三祀，王訪于箕子」，董鼎稱：「愚案：西山蔡氏有《洪範說》，〔蔡〕傳多用之，餘見《纂註》。」（卷四，頁18）今列《書蔡氏傳輯錄纂註》引蔡元定《洪範說》如下：
1. 〈洪範〉「二、五事：一曰貌，二曰言，三曰視，四曰聽，五曰思。貌曰恭，言曰從，視曰明，聽曰聰，思曰睿。恭作肅，從作乂，明作哲，聰作謀，睿作聖」，西山蔡氏曰：「貌、言、視、聽、思，五行相克之序也，即五常之序也。貌以生爲木，言以斂爲金，視以明爲火，聽以聰爲水，思以通爲土，皆自然之理也。」（卷四，頁22）
2. 〈洪範〉「五、皇極：皇建其有極；斂時五福，用敷錫厥庶民。惟時厥庶民于汝極，錫汝保極」，蔡西山曰：「民享君之福，所以歸於君之極，而與君保此極也。」（卷四，頁24）
3. 〈洪範〉「人之有能有爲，使羞其行，而邦其昌。凡厥正人，既富方穀，汝弗能使有好于而家，時人斯其辜。于其無好德，汝雖錫之福，其作汝用咎」，西山蔡氏曰：「進其行者，進於皇之極也。」（卷四，頁25）
4. 〈洪範〉「七、稽疑：擇建立卜筮人，乃命卜筮」，西山蔡氏曰：「皇極之

施氏、周氏諸說，今舉例如下：

1. 〈泰誓中〉：「受有億兆夷人，離心離德；予有亂臣十人，同心同德。雖有周親，不如仁人。」《書集傳》：

> 「夷」，平也。「夷人」，言其智識不相上下也。治亂曰「亂」，「十人」，周公旦、召公奭、太公望、畢公、榮公、太顛、閎夭、散宜生、南宮适、其一文母。孔子曰：「有婦人焉，九人而已。」劉侍讀以爲子

> 君以人謀，未免乎有心，有心未免乎有私，此所以洗心齋戒，以聽天命，而無所容其心也。擇建立卜筮人者，非其人則不可，非其職則不專，必得其人而立之，然後乃可命之。卜筮，定天下之吉凶，成天下之亹亹，非細事也。」（卷四，頁29）

5. 〈洪範〉「立時人作卜筮，三人占，則從二人之言」，西山蔡氏曰：「恐非是，禹敘〈洛書〉之時，未有原兆與《周易》也。」（卷四，頁30）

6. 〈洪範〉「八、庶徵：曰雨、曰暘、曰燠、曰寒、曰風、曰時。五者來備，各以其敘，庶草蕃廡」，西山蔡氏曰：「『貌』，木，其徵爲雨。『言』，金，其徵爲暘。『視』，火，其徵爲燠。『聽』，水，其徵爲寒。『思』，土，其徵爲風。曰『時』者，五者與歲、月、日，各以時應也。」（卷四，頁32）

7. 〈洪範〉「一極備凶，一極無凶。曰休徵：曰肅，時雨若；曰乂，時暘若；曰哲，時燠若；曰謀，時寒若；曰聖，時風若。曰咎徵：曰狂，恆雨若；曰僭，恆暘若；曰豫，恆燠若；曰急，恆寒若；曰蒙，恆風若」，西山蔡氏曰：「君即五者之應，以察吾五事之得失。一事得，則五事從，休徵無不應矣。一事失，則五事違，咎徵無不應矣。鯀堙洪水，水失其性爾，而五行爲之汩陳以是理也。漢儒不得其意而事爲之說，驗之於古，則鑿而不經，推之將來，則膠而不應，又以福極強配五行，而以弱配皇之不極，非鑿歟？」（卷四，頁33）

8. 〈洪範〉「庶民惟星：星有好風，星有好雨。日月之行，則有冬有夏；月之從星，則以風雨」，西山蔡氏曰：「王、卿士、師尹，其得失驗之，若歲、月、日；若庶民之得失則在君，所謂『百姓有過，在予一人』，故此以庶民省之於星，以驗其安與不安而已。《漢·志》言『日行陽道，多風旱；行陰道，多雨水』，日象人君之行，不可指而知。以正行言之，冬則南，夏則北。然君行急則日行急疾，君行緩則日行遲，疾則過乎中道，遲則不及乎中道，日之所行，月之所隨也，日失中道，則月亦變行，故去中道，移而東北，入于箕。多風爲旱，移而西，入于畢，則多雨爲水，所謂『月之從星，則以風雨』也。蓋民之安否，省之於星。星之風雨，本之於日月。月之九道，本之於日，故『庶民惟星』；繼之以『日月之行，則有冬有夏，月之從星，則以風雨也。』雨、暘、寒、燠、風既微於貌，言、視、聽、思又以所職大小，別之於歲、月、日，又以民之安否，參之於星于，以見皇極之君，視履考祥，如此之周旋而不敢忽也。」（卷四，頁34～35）

〔註36〕《書集傳》引「夏氏曰」計二則，參見〈禹貢〉、〈君奭〉，此指夏僎《尚書全解》。

無臣母之義，蓋邑姜也。九臣治外，邑姜治內，言紂雖有夷人之多，不如周治臣之少而盡忠也。「周」，至也，紂雖有至親之臣，不如周仁人之賢而可恃也。此言人事有必克之理。（卷四，頁5）

《論語・泰伯》第八：「舜有臣五人而天下治，武王曰『予有亂臣十人』，孔子曰『才難，不其然乎？唐、虞之際，於斯為盛。有婦人焉，九人而已。』」何晏《集解》引馬融說：「『亂』，治也；治官者十人，謂周公旦、召公奭、太公望、畢公、榮公、太顛、閎夭、散宜生、南宮适、其一人謂文母。」（頁72）劉寶楠《論語正義》引鄭《注》與馬融《注》同，當是古《論》家舊義（卷九，頁310）今考「文母」，即大姒，文王妃也，〔註37〕蔡氏從馬、鄭義，不注所出，又取劉敞《七經小傳》疑文母不當在「十亂」，而以武王后邑姜〔註38〕當之。

2. 〈梓材〉：「已，若茲監。惟曰：欲至于萬年為王，子子孫孫永保民。」《書集傳》：

> 「已」，語辭。「監」，視也，非人臣祈君永命之辭也。按：〈梓材〉有「自古王若茲，監罔攸辟」之言，而編《書》者誤以「監」為句讀，而爛簡適有「已，若茲監」之語，以為語意相類，合為一篇，而不知其句讀之本不同，文義之本不類也。孔氏依阿其說，於篇意無所發明。王氏謂「成王自言必稱『王』者，以〈覲禮〉考之，天子以正過（『過』，《尚書全解》卷二九作『遇』，頁6936），諸侯則稱王」，亦強釋難通。獨吳氏以為誤簡者，為得之，但謂「王啓監」以下，即非武王之誥，則未必然也。（卷四，頁56）

《書集傳》引「吳氏曰」計二十三則，參見〈大序〉、〈堯典〉、〈仲虺之誥〉、〈湯誥〉、〈太甲下〉、〈伊訓〉、〈泰誓中〉、〈康誥〉、〈酒誥〉、〈梓材〉、〈洛誥〉、〈多士〉、〈君奭〉、〈立政〉、〈康王之誥〉、〈畢命〉、〈呂刑〉、〈小序〉諸篇，其中〈大序〉、〈梓材〉、〈仲虺之誥〉、〈酒誥〉、〈伊訓〉、〈泰誓〉涉疑偽《古文尚書》。

《書集傳》引前人之說直稱其名，如「孔子曰」、「《楚辭》言」、「郭璞云」、「劉侍讀以為」、「《輿地記》謂」……，或依時序先後稱「漢孔氏曰」、「唐孔氏曰」。今考《書集傳》引吳姓凡二人（指吳棫、吳仁傑，《書集傳・洪範》

〔註37〕「文母」，參見《詩・周頌・潛・毛傳》「既右烈考，亦右文母」（卷一九，頁735）。

〔註38〕「邑姜」，參見《左傳・昭公二年》，杜預注，「當武王邑姜」（卷四一，頁706）。

引「吳仁傑曰」二則），「吳氏」已如上述，依《書集傳》凡例，此「吳氏」同指一人。蔡沈稱「獨吳氏以爲誤簡」，此「吳氏」即指吳棫。董鼎《書傳輯錄纂註・梓材》〈解題〉下引朱子說：「吳才老辨〈梓材〉後半截不是〈梓材〉。緣其中多是勉君，乃臣告君之辭，未嘗如前一半稱王曰、又稱汝，爲上告下之辭，亦有此理。處謙又說，〈梓材〉是〈洛誥〉中書，甚好。其他文字亦有錯亂，而移易得出人意表者，然無如才老此樣處恰恰好。（黃卓錄）」又說：「吳才老考究得〈梓材〉只前面是告戒臣下，其下都稱王，恐別是一篇。不應王告臣下不稱朕予而自稱王，斷簡殘編無從考正，只得於言語句讀中有不曉者闕之。」（卷四，頁 69）朱子此評，就吳棫而發，可見朱、蔡所引「吳氏」同指一人，係指吳棫。

考〈大序〉「以所聞伏生之《書》考論文義，定其可知者爲隸古定，更以竹簡寫之，增多伏生二十五篇」，《書集傳》引吳氏曰：「伏生傳於既耄之時，而安國爲隸古，又特定其所可知者，而一篇之中，一簡之內，其不可知者蓋不無矣。乃欲以是盡求作《書》之本意，與夫本末先後之義，其亦可謂難矣。而安國所增多之書，今篇目具在，皆文從字順，非若伏生之書，詰曲聱牙，至有不可讀者。夫四代之書，作者不一，乃至二人之手而遂定爲二體乎？其亦難言矣。」（〈書序〉，頁 4）閻若璩《尚書古文疏證》，卷八，第一百十三，〈言疑古文自吳才老始〉亦引此文。

戊、引文不注所出

《書集傳》引漢、宋前賢之言，如蔡釋〈堯典〉「宅南交」，從司馬貞《史記索隱》；釋〈舜典〉「黎民阻飢」，從鄭玄《詩箋》；釋〈堯典〉「慎徽五典」，從程頤《書說》；皆不注所出，或因未及鈔錄出處，應非有意剽竊，今舉二例於下：

1. 〈舜典〉：「肇十有二州，封十有二山，濬川。」《書集傳》釋「十二州」：
   「肇」，始也。「十二州」，冀、兗、青、徐、荊、揚、豫、梁、雍、幽、并、營也。中古之地，但爲九州，曰冀、兗、青、徐、荊、揚、豫、梁、雍。禹治水作〈貢〉，亦因其舊，及舜即位，以冀、青地廣，始分冀東恒山之地爲并州；其東北醫無閭之地爲幽州；又分青之東北遼東等處爲營州；而冀州止有河內之地，今河東一路是也。……然舜既分十有二州，而至商時又但言「九圍」、「九有」，《周禮・職方氏》亦止列爲九州，有揚、荊、豫、青、兗、雍、幽、冀、并，

而無徐、梁、營也。則是爲十二州，蓋不甚久，不知其自何時復合

爲九也？（卷一，頁 12）

蔡氏增「幽、并、營」三州，或引自《周禮・夏官・職方》：「乃辨九州之國，……
東北曰幽州……正北曰并州。」（卷三三，頁 500）《爾雅・釋地》第九：「齊
曰營州。」（卷七，頁 110）馬融：「禹平水土，置九州，舜以爲冀州之北廣大，
分置并州，燕、齊遼遠，分燕置幽州，分齊爲營州，於是爲十二州也。」（《史
記會注考證》，〈五帝集解〉，卷一，頁 38 引）

　　2.〈堯典〉：「克明俊德，以親九族；九族既睦，平章百姓；百姓昭明，
協和萬邦。黎民於變時雍。」《書集傳》釋「九族」：

「九族」，高祖至玄孫之親。舉近以該遠，五服、異姓之親亦在其中

也。（卷一，頁 1）

簡朝亮《尚書集注述疏》：「『九族』，同姓也。鄭氏謂上自高祖，下至元（玄）
孫，凡九族。……。鄭『九族』義見《經典釋文》，蔡《傳》從鄭義，而又云
『五服，異姓之親亦在其中』，不自亂乎？」（卷一，頁 4）

第三章　《書集傳》中的漢、宋學問題

　　在討論《書集傳》中的漢、宋學問題之前，有必要先了解宋代經學研究的基調。傳統觀念裏，多認為宋初的經學〔註1〕延續漢、唐注疏的遺風，守訓故、尊古義，〔註2〕前賢對於宋初經學的評價，如吳曾《能改齋漫錄》說：「慶曆以前，多尊章句注疏之學；至劉原甫為《七經小傳》，始異諸儒之說。王荊公修《經義》，蓋本於原甫。」（卷二，頁26）王應麟也說：

> 自漢儒至於慶歷（曆）間，談經者守訓故而不鑿。《七經小傳》出而稍尚新奇矣。至《三經義》行，視漢儒之學若土梗。……。陸務觀
> （陸游）曰：「唐及國初，學者不敢議孔安國、鄭康成，況聖人乎？
> 自慶歷（曆）後，諸儒發明經旨，非前人所及。」（《翁注困學紀聞》，
> 卷八，〈經說〉，頁39～40）

　　事實上，據林師慶彰的研究顯示，自唐代中期以後的經學，已為逐漸脫離注疏學束縛的新經學時代。〔註3〕自北宋仁宗慶曆以後（指西元1048以後，

〔註1〕「宋初經學」涵蓋的範圍，指宋太祖、太宗、真宗三朝以及仁宗慶曆以前，約八十年的時間。詳見馮曉庭先生撰：《宋初經學發展述論》（臺北：東吳大學中文研究所碩士論文，1995年6月），頁3。

〔註2〕皮錫瑞《經學歷史》說：「經學自唐以至宋初，已陵夷衰微矣。然篤守古義，無取新奇；各承師傳，不憑胸臆；猶漢、唐注疏之遺也。宋王旦作試官，題為『當仁不讓於師』，不取賈邊解『師』為『眾』之新說，可見宋初篤實之風。」（〈經學變古時代〉，頁237）

〔註3〕據林師慶彰，唐代後期經學為逐漸脫離注疏學束縛的新經學時代，這一時期經學的傾向，大抵表現在下列數方面：（一）懷疑經書的作者；（二）更動經書的篇章；（三）更改經書文字；（四）懷疑經中史事的正確性；（五）補經書篇章的闕佚；詳見林師慶彰撰：〈唐代後期經學的新發展〉，《中國經學史論文選集》（臺北：文史哲出版社，1992年10月），頁670～677。

北宋中葉至南宋末年），宋人承接了唐代後期經學發展的內在理路，在這個「經學變古時代」，漢人經說受到質疑，如《書集傳》對漢儒解經傳統的繼承與批評，正反映了舊典範的危機與新典範的建立。

　　本章的研究範圍，共分為（一）《書集傳》對漢學典範的繼承與批評，此處所謂「漢學典範」，指的是偽《孔傳》和《尚書正義》。（二）《書集傳》對宋學傳統的反省與修正；（三）《書集傳》與朱子《尚書》學的關係；這三個論題可說是《書集傳》對前賢《經》說的檢討，也是本文要討論的地方。

第一節　《書集傳》對漢學典範的繼承與批評

　　宋儒以道統為口號，〔註4〕視漢儒之學如土梗，如循守注疏者，則謂之腐儒。〔註5〕但是，如果仔細分析《書集傳》，仍然可以發現《書集傳》在訓詁方面，有大量徵引、承襲舊典範的情形，這可以說明，宋儒與古注疏間的關係仍未斷絕。〔註6〕

〔註4〕韓愈在〈原道〉中指出，堯、舜、文、武、周公、孔子之道，至孟子而不得其傳（《昌黎先生集》，卷一一，頁7）；程伊川作〈明道先生墓表〉，表示孟子之後，千載無真儒，只有程顥得不傳之學於遺經，能接續聖人的道統（《河南程氏文集》，卷一一，頁640）；且朱子又把程頤加入「真儒」的行列中，提出聖人千載不傳之緒，即〈大禹謨〉所說的「十六字心傳」，詳見朱子說：「蓋自上古聖神，繼天立極，而道統之傳，有自來矣。其見於經，則『允執厥中』者，堯之所以授舜也。『人心惟危，道心惟危，惟精惟一，允執厥中』者，舜之所以授禹也。堯之一言，至矣盡矣，而舜復益之以三言者，則所以明夫堯之一言，必如是而後可庶幾也。」（《四書章句集註》，〈中庸章句序〉，頁1）

〔註5〕司馬光說：「新進後生，未知臧否，口傳耳剽，翕然成風，至有讀《易》未識卦文，已謂〈十翼〉非孔子之言；讀《禮》未知篇數，已謂《周官》為戰國之書；讀《詩》未盡《周南》、《召南》，已謂毛、鄭為章句之學；讀《春秋》未知十二公，已謂《三傳》可束之高閣。循守注疏者，謂之腐儒，穿鑿臆說者，謂之精義。」（《司馬文正公傳家集》，卷四二，〈論風俗箚子〉，頁7）

〔註6〕《書集傳》明引《孔傳》計四十三次；明引《尚書正義》計二十二次，表列如下：

書名＼篇名	大序	堯典	舜典	大禹謨	皋陶謨	益稷	禹貢	甘誓	五子之歌	胤征	湯誓	仲虺之誥	湯誥	伊訓	太甲上
史　記			3	2		2		1						1	
鄭玄注						5									
孔　傳			3			8								1	
正　義			1		1	2						1			1

由於蔡沈藉由舊典範來認識經典，對於某些難解的字、詞，《書集傳》不得不借用舊疏來注解《尚書》，如〈舜典〉「月正元日，舜格于文祖」（卷一，頁 14）、〔註7〕「五宅三居」（卷一，頁 15），蔡沈就用「孔氏云某，不知何所據」的方式，來表示他「只得且用」舊疏的態度。〔註8〕

一、對漢學典範的繼承

蔡沈對舊典範的態度，就訓詁方面而言，可以得出二種情形：

書名＼篇名	太甲中	太甲下	咸有一德	盤庚上	盤庚中	盤庚下	說命上	說命中	說命下	高宗肜日	西伯戡黎	微子	泰誓上	泰誓中	泰誓下
史　記				1			1				3				
鄭玄注							1							1	
孔　傳			3				8								1
正　義	1									1					

書名＼篇名	牧誓	武成	洪範	旅獒	金縢	大誥	微子之命	康誥	酒誥	梓材	召誥	洛誥	多士	無逸	君奭
史　記		1	1	1			2				1			1	1
鄭玄注					3										
孔　傳			3				8							1	
正　義	2	1	2		1								1		1

書名＼篇名	蔡仲之命	多方	立政	周官	君陳	顧命	康王之誥	畢命	君牙	冏命	呂刑	文侯之命	費誓	秦誓	小序
史　記											1				
鄭玄注													1		
孔　傳			3				8							1	
正　義		1		1	1		1								1

〔註7〕　《書傳會選》說：「按《孟子》，堯崩，三年喪畢，舜避堯之子，天下歸之而後踐天子位，《孔傳》本此。」（卷一，〈舜典〉）

〔註8〕　朱子說：「此等語既不可曉（指〈康誥〉「庸庸、祇祇、威威、顯民」），只得且用古注。古注既是杜撰，如今便別求說，又杜撰，不如他矣。」（《朱子語類》，〈康誥〉，卷七九，輔廣錄，頁 359）

　　其一，是蔡《傳》認為舊典範說法正確，而加以全句採用者，如〈泰誓下〉「斲朝涉之脛」，《書集傳》援引偽《孔傳》：「冬月見朝涉水者，謂其脛耐寒，斲而視之。」（卷四，頁 6）〈牧誓〉「司徒、司馬、司空」，《書集傳》引用《孔疏》：「司徒主民，治徒庶之政令；司馬主兵，治軍旅之誓戒；司空主土，治壘壁以營軍。」（卷四，頁 9）〈無逸〉「文王受命惟中身，厥享國五十年」，《書集傳》據偽《孔傳》：「文王九十七而終，即位時年四十七，言中身，舉全數也。」（卷五，頁 72）〈周官〉「惟周王撫萬邦」，《書集傳》引用《孔疏》：「周制無萬國，惟伐淮夷，非四征也，大言之爾。」（卷六，頁 2）

　　其二，是蔡《傳》就偽《孔傳》、《孔疏》的意見，擇善而從，如〈禹貢〉，偽《孔傳》說：「此堯時事，而在《夏書》之首，禹之王以是功。」《孔疏》說：「其初必在《虞書》之內，蓋夏史抽入《夏書》，或仲尼始退其第，事不可知。」（《尚書注疏》，卷六，頁 1）《書集傳》列〈禹貢〉為《夏書》之首，稱「〈禹貢〉作於虞時，而係之以《夏書》者，禹之王以是功也」（卷二，頁 1）；〈舜典〉「金作贖刑」，偽《孔傳》說：

　　　　「金」，黃金。誤而入刑，出金以贖罪。（《尚書注疏》，卷三，頁 14）

關於「金作贖刑」，偽《孔傳》未明言所謂「易科罰金」的範圍，是否包括「墨、宮、大辟」等重大刑罰？蔡沈則就「五刑不贖」加以說明，他認為「贖」者的對象，指的是「罪之極輕，雖入於鞭、扑之刑，而情、法猶有可議者」，蔡沈說：

　　　　蓋〈舜典〉所謂「贖」者，官府、學校之刑爾。若五刑，則固未嘗贖也。五刑之寬，惟處以流、鞭、扑之寬，方許其贖。今穆王贖法，雖大辟亦與贖免矣。……則富者得生，貧者獨死，恐開利路，以傷治化，曾謂唐、虞之世而有是贖法哉？穆王巡遊無度，財匱民勞，至其末年，無以為計，乃為此一切權宜之術，以斂民財。（卷六，頁 26）

蔡沈論〈呂刑〉，係呂侯竊〈舜典〉「金作贖刑」義，作刑以斂民財；他並批評〈書序〉「穆王訓夏贖刑」的說法不正確，他說：

　　　　或曰：「訓夏贖刑，謂訓夏后之贖刑也。」曰：「夏承虞治，不聞變法，《周禮》亦無五刑之贖，其非古制明甚。穆王耄荒，車輪馬跡，無所不至，呂侯竊〈舜典〉『贖刑』二字，作為此刑，以聚民財，資其荒用。」（《書集傳》，〈書序〉，頁 8）

當然，〈舜典〉「金作贖刑」的詳細內容，史無明文；而〈書序〉「訓夏贖刑」，見茆泮林《世本》輯本，稱「夏作贖刑」，〔註 9〕可見蔡氏「夏無贖刑」的說法也未必正確。

二、對漢學典範的批評

蔡《傳》對舊典範提出批評，主要是在篇第、訓字、名物、史事方面，二者有許多不同的意見，如〈益稷〉，舊典範以「帝曰來禹」為界，前屬《虞書》，後屬《夏書》。（《尚書注疏》，卷五，頁 1）。《書集傳》則編定〈皋陶謨〉、〈益稷〉全屬《虞書》，並以〈禹貢〉為《夏書》首篇；〈無逸〉「君子所其無逸」，偽《孔傳》說：「歎美君子所在念德，其無逸豫。」（《尚書注疏》，卷一六，頁 9）《書集傳》則以「處」訓「所」（卷五，頁 19），陳澧稱許此例：「偽《孔傳》不通處，蔡《傳》易之，甚有精當者。」（《東塾讀書記》，〈尚書〉，卷五，頁 77）以下再就「名物」、「史事」二個方向，取例如下：

（一）名物例——「鳥鼠同穴」、「九江即洞庭」

蔡沈對偽《孔傳》提出批評，計十八次，主要是在名物方面，如〈禹貢〉「包匭菁茅」，《書集傳》說：「孔氏謂菁以為葅者，非是。今辰州麻陽縣苞茅山出苞茅，有刺而三脊。」（卷二，頁 12）〈禹貢〉「導渭自鳥鼠同穴」，蔡《傳》說：

> 「同穴」，山名。《地志》云：「鳥鼠山者，同穴之枝山也。」餘並見雍州。孔氏曰：「鳥、鼠共為雌雄，同穴而處。」其說怪誕不經，不足信也。（卷二，頁 26）

關於「鳥鼠同穴」的問題，《書傳會選》說：「蔡氏以為其說荒誕不經，而鄉人乃謂誠有此事，蓋蔡氏所未見也。」（卷二）《尚書日記》也說：

> 〈禹貢〉「鳥鼠同穴」，《孔疏》云云，而蔡仲默不信。予戊甘時過莊浪，親見之，鳥形色似雀而大，頂出毛角，飛即崖穴，穴口有鼠，狀如人家常鼠，但唇缺似兔，蓬尾似鼬，與鳥皆入，彼此狎狙，有類雌雄者，問之，土人皆孔說也。（卷二，頁 7）

由此可見，《書集傳》批評偽《孔傳》「鳥、鼠同穴，荒誕不經」的說法，也

〔註 9〕程師元敏舉高承《事物紀原》，卷十，〈律令刑罰部〉，稱《世本》云「夏作贖刑」；復檢得茆泮林《世本》輯本確載此語（《惜陰軒叢書》本）。詳見程師：〈論書序之著成年歲〉，頁 45。

未必成立。

關於《書集傳》對《正義》的批評，今舉〈禹貢〉「九江孔殷」爲例，蔡沈說：

> 按：《漢志》，九江在廬江郡之尋陽縣。《尋陽記》：「九江之名，一曰烏江，二曰蜯江，三曰烏白江，四曰嘉靡江，五曰畎江，六曰源江，七曰廩江，八曰提江，九曰箘江。」今詳漢九江郡之尋陽，乃〈禹貢〉揚州之境，而唐孔氏又以爲九江之名，起於近代，未足爲據。且九江派別取之耶？亦必首尾短長大略均布，然後可目之爲九。然一水之間，當有一洲，九江之間，沙水相間，乃爲十有七道，而今尋陽之地將無所容，況沙洲出沒，其勢不常，果可以爲地理之定名乎？設使派別爲九，則當曰「九江既道」，不應曰「孔殷」；於導江當曰「播九江」，不應曰「過九江」，反復參攷，則九江非尋陽，明甚。本朝胡氏以洞庭爲九江者，得之。（卷二，頁 12）

「九江」，蔡沈據師法，采用胡旦、晁說之的意見，認爲「九江即今之洞庭」，[註10] 程大昌介紹晁氏「九江即洞庭說」，稱「近世晁說之氏雜引《山海經》、《博物志》、《水經》、《地記》，而斷以洞庭應塞九江」（《禹貢論》，〈論〉上，二十五，頁 31）

（二）史事例──「周公居東」、「觀政即觀兵」

《書集傳》在史事考證方面，更動舊典範的地方不少，如〈金縢〉「周公居東」，鄭玄說「居國之東」，僞《孔傳》說「東征」（《尚書注疏》，卷一三，頁 11），蔡沈則重塑周公形象，提出不同於舊典範的南宋版本，他說「方流言之起，成王未知罪人爲誰，二年之後，王始知流言之爲管、蔡」（卷四，頁 31），以維護周公殺兄的道德要求。

〈泰誓上〉「惟十有三年春，大會于孟津」（《尚書注疏》，卷一一，頁 3），〈小序〉說：「惟十有一年，武王伐殷。一月戊午，師渡孟津，作〈泰誓〉三篇。」（《尚書注疏》，卷一一，頁 1）是二說不同。

關於武王伐商的時間，雖有周、漢文獻可考，如《古本竹書紀年》說「十一年始伐商」，〈齊太公世家〉據〈牧誓〉，稱武王「十一年正月甲子，誓於

[註10] 關於朱子的說法，詳見《朱文公文集》，卷七二，〈九江彭蠡辨〉，頁 1313。

牧野，伐商紂」（《史記會注考證》，卷三二，頁 551），〈周本紀〉也記載周人「十一年十二月戊午，師畢渡孟津。……二月甲子昧爽，武王朝至于商郊牧野，乃誓」（《史記會注考證》，卷四，頁 69）。又據〈洪範〉「惟十有三祀，王訪于箕子」（《尚書注疏》，卷一二，頁 2），稱武王訪箕子於克殷後二年，則是十一年克殷（《史記會注考證》，卷四，〈周本紀第四〉，頁 73），僞《孔傳》則表示：

> 周自虞、芮質成，諸侯並附，以爲受命之年，至九年而文王卒。武王三年服畢，觀兵孟津，以卜諸侯伐紂之心。諸侯僉同，乃退以示弱。十三年正月二十八日，更與諸侯期而共伐紂。（《尚書注疏》，卷一一，頁 1）

又說：

> 父業未就之故，故我與諸侯觀紂政之善惡，謂十一年自孟津還時。（《尚書注疏》，卷一一，頁 5，〈泰誓上〉「肆予小子發，以爾友邦冢君，觀政于商」）

據僞《孔傳》，稱「虞、芮質成，諸侯並附」爲文王受命之年，凡九年而文王崩，武王服喪三年，即文王十一年觀兵孟津（計入前後二年），至文王十三年正月戊午，武王始誓師伐紂。僞《孔傳》視武王「觀兵于商」係「完成父業」之舉，也就是說，《孔傳》認爲文王早蓄滅商之心。關於僞《孔傳》的看法，較值得注意的是：（一）「武王冒文王之元年」；（二）「觀政即觀兵」；（三）武王伐商，「諸侯期而共伐紂」。對於上列三個問題，以下分而論之：

1. 武王冒文王之元年

有關「武王冒文王之元年」的問題，蔡沈修改歐陽脩〈泰誓論〉的意見，[註11]認爲「古者，人君即位，即稱元年」，辨僞《孔傳》的說法不可信，他說：「十三年者，武王即位之十三年也。」（《書集傳》，卷四，頁 1）至於〈泰誓〉「十有三年春，大會于孟津」與〈小序〉「十一年戊午，師渡孟津」說法相異的問題，蔡沈據伊川說，「不是前〈序〉『一』字錯卻，便是後面正經『三』

〔註11〕此指蔡氏修改〈泰誓論〉「武王受命爲元年」的意見。

關於文王是否受命的問題，二人看法不同，歐陽脩認爲文王未受命稱王，他說：「當是時，紂雖無道，天子也。天子在上，諸侯不稱臣而稱王，是僭叛之國也。」（《歐陽文忠公集》，卷一八，〈泰誓論〉，頁 13）蔡沈則認爲文王曾受命（卷三，頁 4，〈西伯戡黎〉「解題」）。

字錯卻」，〔註12〕認定是〈小序〉誤字的緣故，他說：「『十一年』者，『十三年』之誤也。〈序〉本依放經文，無所發明，偶『三』誤而爲『一』，漢孔氏遂以爲『十一年觀兵，十三年伐紂』。」（《書集傳·書序》，頁4）但是，蔡氏卻未說明考證〈小序〉誤字的依據。

2. 觀政于商

「觀兵即觀政」，〈周本紀〉說：「九年，武王上祭於畢，東觀兵，至於盟津。」（《史記會注考證》，卷四，頁68）程、朱等理學家基於衛道立場，認爲聖王不會有觀兵脅君事，〔註13〕如蔡沈衛護武王形象，稱〈泰誓上〉「觀政于商」指的是「觀八百諸侯背商歸周，則商政可知」（卷四，頁3），他說：

> 武王觀兵，是以臣脅君也。程子曰：「此事間不容髮，一日而命未絕，則是君臣。當日而命絕，則爲獨夫。豈有觀兵二年而後始伐之哉？」蓋〈泰誓〉序文既有「十一年」之誤，而篇中又有「觀政于商」之語，僞〈泰誓〉得之傳聞，故上篇言觀兵之事，次篇言伐紂之事，司馬遷作〈周本紀〉，因亦謂「十一年觀兵，十三年伐紂」（見《史記·伯夷傳》），訛謬相承，展轉左驗，後世儒者遂謂實然。不知武王蓋未始有十一年觀兵之事也。且〈序〉言「惟十有一年，武王伐殷」，繼以「一月戊午，師渡孟津」，即記其年、其月、其日之事也。夫「一月戊午」既爲十三年之事，則上文十一年之誤，審矣。孔氏乃離而二之，於「十有一年，武王伐殷」，則釋爲「觀兵

〔註12〕 程頤說：「介甫以武王觀兵爲九四，大無義理，兼觀兵之說亦自無此事。如今日天命絕，則今日便是獨夫，豈容更留之三年？今日天命未絕，便是君也，爲人臣子，豈可以兵脅君？安有此義？又紂鷙恨若此，太史公謂有七十萬眾，未知是否？然《書》亦自云『紂之眾若林』，三年之中，豈肯容武王如此便休得也？只是〈太誓〉一篇前〈序〉云『十有一年』，後面正經便說『惟十有三年』，先儒誤妄，遂轉爲觀兵之說。先王無觀兵之事，不是前〈序〉一字錯卻，便是後面正經三字錯卻。」（《河南程氏遺書》，卷一九，頁250，收錄於《二程集》，第一冊）

〔註13〕 同前註。
張載說：「先儒稱武王觀兵於孟津，後二年伐商，如此則是武王兩畔也。以其有此，故於《中庸》言『一戎衣而有天下』解作『一戎殷』，蓋自說作兩度也。《孟子》稱『取之而燕民不悅，弗取，文王是也』，只爲商命未改；『取之而燕民悅則取之，武王是也』。此事間不容髮，當日而命未絕則是君臣，當日而命絕則爲獨夫；故『予不奉天，厥罪惟均』。然問命絕否，何以卜之？只是人情之常而已。諸侯不期而會者八百，當時豈由武王哉？」（《經學理窟》，〈詩書〉，頁257，收錄於《張載集》）

之時」；於「一月戊午，師渡孟津」，則釋爲「伐紂之時」，上文則
年無所繫之月，下文則月無所繫之年。又〈序〉言「十一年伐殷」，
而孔氏乃謂「十一年觀兵，十三年伐殷」，是蓋繆中之繆，遂使武
王蒙數千百年脅君之惡，一字之惡，其流害乃至於此哉！（《書集
傳・書序》，頁4）

蔡沈參考程子、橫渠、朱子〔註14〕的說法，以天理、人情衛護聖人居心正大，
絕無陰謀翦商的可能，如〈泰誓上〉「大勳未集」，蔡沈說：「大勳在文王時未
嘗有意，至紂惡貫盈，武王伐之，敘文王之辭，不得不爾，學者當言外得之。」
（卷四，頁3）有關蔡沈的說法，雖無具體依據使人信服，惟其說代表了程、
朱理學家對於「武王觀政于商」的看法，仍然值得讀者參考。

3. 武王伐商，「諸侯期而共伐紂」

〈泰誓〉記武王伐商事，僞《孔傳》指「十三年，武王與諸侯期而共伐
紂」；蔡沈在〈牧誓〉「及庸、蜀、羌、髳、微、盧、彭、濮人」下說：

《左傳》：「庸與百濮伐楚。」庸、濮在江漢之南。羌在西蜀。髳、
微在巴蜀。盧、彭在西北。武王伐紂，不期會者八百國。今誓師獨
稱八國者，蓋八國近周西都，素所服役，乃受約束以戰者。若上文
所言「友邦冢君」，則泛指諸侯而誓者也。（卷四，頁9）

蔡沈據《左傳》、張橫渠、朱子，〔註15〕指武王伐商，不期而至者八百國。
關於這個問題，吳承志有詳盡的說明：「《書・泰誓》，《正義》引馬融〈序〉
云：『八百諸侯不召自來，不期同時，不謀同辭。』《禮記・王制》，《正義》
引鄭元駁《五經異義》云：『武王伐紂，三分有二，八百諸侯。』是殷末諸
侯千二百也。蒙按：《經》云『不召自來，不期同時，不謀同辭』，八百當兼
天下言，非專舉三分有二之數。《呂氏春秋・觀世篇》云『周之所封四百餘，
服國八百餘』，是八百以外，別無服國矣。《周書・克殷解》『凡憝國九十有
九國，服國六百五十有二』，『六百』，當從《呂氏春秋》作『八百』，『憝國』，
即紂黨爲周所滅者。通合二數，止九百五十一國，無千二百也。《越絕書・
吳內傳》云『天下八百諸侯』，較鄭說爲確。」（《遜齋文集》，卷一，頁20）

〔註14〕朱子認爲〈序〉稱「十有一年」不足憑，他引用柯國材的看法：「至〈洪範〉
謂『十有三祀』，則是十三年明矣。使武王十一年伐殷，到十三年方訪箕子，
不應如是之緩。」關於朱、柯的說法，似無具體證據足以使人信服。

〔註15〕張載說，同註10。朱子說，見《孟子集註》。

第二節 　《書集傳》對宋學傳統的反省與修正

此處所謂「宋學傳統」，大抵表現在下列數方面：（一）懷疑經文的脫簡、錯簡；（二）懷疑先儒所公認的經傳作者；（三）以「理」解經；（四）重新思考舊典範的正確性。

本章節的處理方式，係采「因事命篇」，〔註16〕即選擇若干主要論題，分

〔註16〕若采用計量方式來討論宋人經說對於《書集傳》的影響（朱子《書說》，不列入計算），則《書集傳》采用呂祖謙《東萊書說》、蘇軾《東坡書傳》最多，均計四十六次；吳棫《書稗傳》居次，計二十一則；王安石《尚書新義》，計十三則；程子《書說》，計十則，試列如下：

書名 \ 篇名	大序	堯典	舜典	大禹謨	皋陶謨	益稷	禹貢	甘誓	五子之歌	胤征	湯誓	仲虺之誥	湯誥	伊訓	太甲上
尚書新義		1			1							1			
東坡書傳			2	2			1	5		1				1	
書　說			4	1			1								
書稗傳	1	1											1	1	1
東萊書說													1	1	

書名 \ 篇名	太甲中	太甲下	咸有一德	盤庚上	盤庚中	盤庚下	說命上	說命中	說命下	高宗肜日	西伯戡黎	微子	泰誓上	泰誓中	泰誓下
尚書新義				1	1										
東坡書傳			2	2			1	5		1				1	
書　說													1		
書稗傳	1	1										1	1	1	1
東萊書說	1							1				1			

書名 \ 篇名	牧誓	武成	洪範	旅獒	金縢	大誥	微子之命	康誥	酒誥	梓材	召誥	洛誥	多士	無逸	君奭
尚書新義		1									1	1			1
東坡書傳			2	2	1	5		1						1	
書　說		1													
書稗傳	1	1						1			1	1	1		
東萊書說			1			3	1				1	1	1		4

繫重要經學家及其論述內容於論題之下，來討論「宋學傳統」對蔡《傳》的影響，茲舉重要者，申例如下：

一、解釋《尚書》字、句

上文曾經論及蔡《傳》徵引宋人經說，計二十餘家，就訓詁方面而言，可以得出數種情形：

首先，是解釋某字、句義，如〈堯典〉「汝能庸命，巽朕位」，《書集傳》引吳棫說：「巽、遜，古通用，言汝四岳能用我之命，而可遜以此位乎！」（卷一，頁6）〈舜典〉「正月上日，受終于文祖」，《書集傳》引葉夢得、曾旼說：「上日，朔日也。葉氏曰：『上旬之日。』曾氏曰：『如上戊、上辛、上丁之類。』未詳孰是？」（卷一，頁 7）〈禹貢〉「九江孔殷」，《書集傳》引胡旦、曾旼說：「本朝胡氏以洞庭為九江者，得之。曾氏亦謂『導江曰：「過九江至于東陵」，東陵，今之巴陵。今巴陵之上，即洞庭也。因九水所合，遂名九江，故下文導水曰『過九江』。經之例，大水合小水謂之『過』。』則洞庭之為九江益以明矣。」（卷二，頁11）

其次，總結全段文意，如〈舜典〉「流共工于幽州，放驩兜于崇山，竄三苗于三危，殛鯀于羽山；四罪而天下咸服」，《書集傳》引程頤說：「舜之誅四凶，怒在四凶，舜何與焉？蓋因是人有可怒之事而怒之，聖人之心本無怒也。」（卷一，頁 14）〈盤庚中〉「茲予有亂政同位，具乃貝玉；乃祖先（據單疏本《尚書正義》，「先」，當作「乃」）父，丕乃告我高后曰：『作丕刑于朕孫。』迪高后丕乃崇降弗祥」，《書集傳》引王安石說：「先王設教，因俗之善而導之，反俗之惡而禁之。方盤庚時，商俗衰，士大夫棄義即利，故盤庚以『具貝玉』為戒，此反其俗之惡而禁之者也。自成周以上，莫不事死如事生，事亡如事

書名　　篇名	蔡仲之命	多方	立政	周官	君陳	顧命	康王之誥	畢命	君牙	冏命	呂刑	文侯之命	費誓	秦誓	書序
尚書新義				2	1										
東坡書傳			2	2		1	5			1				1	
書說															2
書稗傳	1	1										1	1	1	
東萊書說	2	3	4	3	1	5		2		3	3		1		

存，故其俗皆嚴鬼神；以《經》考知，商俗爲甚。故盤庚特稱先后與臣民之祖、父崇降罪疾爲告，此因其俗之善而導之者也。」（卷三，頁 28）

再者，闡述宋人經說，如〈大誥〉「若兄考，乃有友伐厥子，民養其勸弗救」，《東坡書傳》說：「養，廝養也。父兄而與朋友伐其子，其家之民養當助父兄歟？抑助其子歟？其將相勸助其父兄，弗救其子也。今王與諸侯征伐四國，如父兄與朋友伐其子爾，眾人孰當助乎？」（卷一一，頁 14）《書集傳》則說：

> 蘇氏曰：「養，廝養也。謂人之臣僕。大意言若父兄有友攻伐其子，爲之臣僕者，其可勸其攻伐而不救乎？兄父以喻武王，友以喻四國，子以喻百姓，民養以喻邦君御事。今王之四國，毒害百姓，而邦君臣僕乃憚於征役，是長其患而不救，其可哉？此言民被四國之害，不可不救援之意。」（卷四，頁 36～37）

〈微子之命〉「王若曰：猷！殷王元子！惟稽古崇德象賢，統承先王，修其禮物，作賓于王家；與國咸休，永世無窮」，呂祖謙說：「『與國咸休』者，後世滅人之國，芟夷蘊崇，惟恐苗裔之存，爲子孫害。成王之命微子，撫助愛養，與之俱生，傳之無窮。公平廣大之象，於此可見矣。」（《時瀾增修東萊書說》，卷一九，頁 13）《書集傳》則說：

> 呂氏曰：「先王之心，公平廣大，非若後世滅人之國，惟恐苗裔之存爲子孫害。成王命微子，方且撫助愛養，欲其與國咸休，永世無窮。公平廣大氣象，於此可見。」（卷四，頁 39）

其四，批評宋人經說，如〈胤征〉，《書集傳》引蘇軾說：

> 或曰：「蘇氏以爲義和貳於羿，忠於夏者，故羿假仲康之命，命胤侯征之。」今按：篇首言「仲康肇位四海，胤侯命掌六師」，又曰「胤侯承王命徂征」，詳其文意，蓋史臣善仲康能命將遣師，胤侯能承命致討，未見貶仲康不能制命，而罪胤侯之爲專征也。若果爲簒羿之書，而亂臣賊子所爲，孔子亦取之爲後世法乎？（卷二，頁 34）

關於〈胤征〉篇的大意，蘇軾認爲是后羿專政，欲排除異己，所以挾天子令諸侯，命胤侯征義和。《東坡書傳》說，義和乃職掌天紀曆象之官，雖「酗酒廢職，不知日食」，但罪不致死。另外，本篇征伐之命，出於胤侯，不合孔子「禮樂、征伐，自天子出」的書法，但是《東坡書傳》以爲孔子取此篇，而不刪去的原因，是《尙書》中本來就有「非聖人之所取而猶存者也」的例子，

如〈武成〉篇稱武王伐紂，「血流漂杵」，如此殘忍血腥的殺伐景象，當然不符合聖王形象，但是孔子仍然保留〈武成〉篇（《東坡書傳》，卷六，頁 7～8）；蔡《傳》不贊同蘇軾的看法，他基於經文，認爲〈胤征〉篇是「仲康命胤侯征羲和」之書。再者，依蘇軾的說法，則〈胤征〉篇是記載臣子篡君，蔡《傳》認爲孔子不可能收錄亂臣賊子之書。

二、懷疑經文的脫簡、錯簡

關於蔡沈據宋人經說，討論《尚書》脫簡、錯簡的情形，茲舉重要者，取例如下：

1. 蔡《傳》據朱子，稱〈舜典〉「五玉、三帛、二生、一死、贄」，此九字原在「肆覲東后」下，「協時月正日」上（《書集傳》，卷一，頁 11）。

2. 《書集傳》據吳棫，認爲〈舜典〉「肇十有二州，封十有二山，濬川」此事在禹治水之後，其次敘不應該在「流共工于幽州，放驩兜于崇山，竄三苗于三危，殛鯀于羽山」四罪前，蓋史官泛記舜所行事，初不記先後順序（《書集傳》，卷一，頁 12）。

3. 蔡《傳》據蘇軾，稱〈舜典〉「夔曰：於！予擊石拊石，百獸率舞」十二字，是〈益稷〉文，因錯簡複見於此（《書集傳》，卷一，頁 16），未加評論。

4. 蔡《傳》據蘇軾，稱〈禹貢〉「織皮：崑崙、析支、渠搜，西戎即敘」，大意與青、徐、揚三州無異，蓋言因西戎即敘，而後崑崙、析支、渠搜三國皆篚織皮，只是古語有顛倒詳略，其文當在「厥貢惟球、琳、琅玕」下，「浮于積石，至于龍門西河，會于渭、汭」上。（《書集傳》，卷二，頁 19）

5. 蔡《傳》據吳棫，稱〈仲虺之誥〉「用爽厥師」續下文「簡賢附勢」，意不相貫，疑有脫誤。（《書集傳》，卷三，頁 4 引）

6. 蔡《傳》據《東坡書傳》，論〈康誥〉「惟三月，哉生魄，周公初基作新大邑于東國洛；四方民大合會，侯、甸、南邦、采、衛、百工播民，和見士于周。周公咸勤，乃洪大誥治」四十八字，爲〈洛誥〉之文，當在〈洛誥〉「周公拜手稽首」前（《書集傳》，卷四，〈康誥〉，頁 41；卷五，〈洛誥〉，頁 7）。

7. 蔡《傳》據朱子，疑〈武成〉簡編錯亂，撰〈武成〉改本（《書集傳》，

卷四，頁 14～16）

8. 蔡沈認為〈梓材〉得於簡編斷爛之中，似雜出於〈洛誥〉、〈召誥〉、〈無逸〉文字。據吳棫，論「今王惟曰：先王既勤用明德，懷為夾；庶邦享作，兄弟方來。亦既用明德，后式典集，庶邦丕享。皇天既付中國民越厥疆土于先王，肆王惟德用，和懌先後迷民，用懌先王受命。已！若茲監。惟曰：欲至于萬年惟王，子子孫孫永保民」，疑誤簡脫誤於此。（卷四，頁 53～56）

按：〈武成〉，乃逸《書》，鄭康成說「於（東漢光武帝）建武之際亡」（《尚書注疏》，卷一一，頁 20），偽《古文尚書》的作者兼取《漢書·律曆志》、《禮記·樂記》、《左傳》、《墨子》、《孟子》等書湊成一篇〈武成〉，[註17]《孔疏》已疑其非，他說：

> 此篇敘事多而王言少，惟辭又首尾不結，體裁異於餘篇。……「無作神羞」以下，惟告神，其語不結，文義不成，非述作之體。案：《左傳》「荀偃禱河」云：「無作神羞，具官臣偃，無敢復濟，惟爾有神裁之。」蒯瞶禱祖云：「無作下三祖羞，大命不敢請，佩玉不敢愛。」彼二者於「神羞」之下，皆更申己意，此經「無作神羞」下更無語，直是與神之言，猶尚未訖。且冢君百工初受周命，王當有以戒之，如〈湯誥〉之類，宜應說其除害，與民更始，創以為惡之禍，勸以行道之福，不得大聚百官，惟誦禱辭而已。欲征則殷勤誓眾，既克則空話禱神，聖人有作，理必不爾。竊謂「神羞」之下，更合有言，簡編斷絕，經失其本，所以辭不次耳。或初藏之日已失本，或壞壁得之始有脫漏，故孔稱「五十八篇以外，錯亂磨滅，不可復知」，明是見在諸篇，亦容脫錯。但孔此篇首尾具足，既取其文，為之作傳，恥云有所失落，不復言其事耳。（《尚書注疏》，卷一一，頁 18～19）

歸結孔氏疑〈武成〉的理由，即本篇「簡編斷絕，經失其本，文辭不次」，劉敞也說：

> 「惟一月壬辰，旁死魄，越翼日癸巳，王朝步自周，于征伐商」，下當次以「厎商之罪，告于皇天后土，所過名山大川」云云，下至「大賚于四海，而萬姓悅服」，皆在紂都所行之事也。然後次以「厥四月，

哉生明，王來自商，至于豐」，然後又次以「丁未，祀于周廟」云云，
下至「予小子其承厥志」。此下武王之誥未終，當有百工受命之語，
計脫五、六簡矣。然後次以「乃偃武修文」云云，然後又次以「列
爵惟五」云云。（《七經小傳》，卷二，頁7）

繼劉敞認爲〈武成〉先後失序，且有闕文，宋代學者紛出〈武成〉改本，〔註18〕
如王安石撰〈武成〉改本、〔註19〕程伊川也有〈改正武成〉，〔註20〕蔡沈據朱子
〈改定武成次序〉附於〈武成〉篇後，〔註21〕其改本如下：

「惟一月壬辰……于征伐商」接「底商之罪，告于皇天后土，所過
名山大川……罔不率俾」接「惟爾有神……萬姓悅服」接「厥四月，
哉生明……示天下弗服」接「既生魄，庶邦冢君暨百工，受命于周」
接「丁未，祀于周廟……大告武成」接「王若曰……予小子其承厥
志」（原注：「劉氏謂『予小子其承厥志』之下，當有闕文，以今考
之，固所宜有；而程子從『恭天成命』以下三十四字屬于其下，則
已得其一節。」）接「恭天成命，肆于東征……用附我大邑周」（原
注：「『用附我大邑周』之下，劉氏所謂闕文，猶當有十數語也。蓋
武王革命之初，撫有區夏，宜以退託之詞以示，不敢遽當天命而求
助於諸侯，且以致其交相警惕之意，略如〈湯誥〉之文，不應但止
自序其功而已也。」）接「列爵惟五……垂拱而天下治。」（《書集傳》，
卷四，頁14～16）

按：朱、蔡定〈武成〉次序，先告天地、山川，次告諸侯、百官，末告武事
大成；在「予小子其承厥志」以下，朱、蔡從程子，移「恭天成命，肆于東
征」等三十四字屬于其下，在「用附我大邑周」以下，朱、蔡據《七經小傳》，
謂當有闕文。

〔註18〕葉國良先生考定宋人〈武成〉改本九種，如劉敞、王安石、程頤、林之奇、
朱子、蔡沈、胡洵直、王柏、金履祥等人。另孫諤亦嘗改〈武成〉，惟其詳未
聞。詳見葉氏撰：《宋人疑經改經考》，頁81～84。
關於宋人改訂〈武成〉，蔣秋華先生增益「李經、王質」二人，詳見蔣氏撰：
《二程詩書義理求》，第四章，〈二程書義理求〉，頁198～199。
〔註19〕王安石〈武成〉改本，詳見程師元敏撰：《三經新義輯考彙評（一）——尚書》，
頁108。
〔註20〕程子〈武成〉改本，詳見《二程集》，〈經說〉，頁1044～1045。
〔註21〕朱子撰〈武成日月譜〉、〈考定武成次序〉，詳見《朱文公文集》，〈雜著〉，卷
六五，頁1213～1214。

三、辨偽《古文尚書》

若論蔡沈對偽《古文尚書》的態度，他曾經懷疑〈泰誓〉、〈武成〉雜出眾手，又作〈武成〉改本，他說：

> 愚謂此篇（指〈牧誓〉）嚴肅而溫厚，與〈湯誓〉誥相表裏，真聖人之言也。〈泰誓〉、〈武成〉一篇之中，似非盡出於一人之口，豈獨此為全書乎？讀者其味之。（卷四，頁 10）

> 吳氏曰：「湯、武皆以兵受命，然湯之辭裕，武王之辭迫，湯之數桀也恭，武之數紂也傲，學者不能無憾，疑其書之晚出，或非盡當時之本文也。」（《書集傳》，卷四，頁 1 引）

蔡沈認為〈泰誓〉、〈武成〉篇所記載的武王事蹟，不像〈牧誓〉、〈湯誓〉的用詞嚴肅而溫厚，他採用吳棫的意見，以為聖王伐紂，居心溫良正大，必不致「傲」。但是，蔡《傳》究竟未敢深疑偽《古文尚書》，他認為〈訓〉、〈誥〉多奇澀，而〈誓〉、〈命〉多平易的原因，也許是四代作者不同，致各篇風格不一，他援引吳棫、葉夢得的話說：

> 吳氏曰：「夫四代之《書》，作者不一，乃至二人之手，而遂定為二體乎？其亦難言矣。」（《書集傳》，〈大序〉案語，頁 4 引）

> 葉夢得曰：「《尚書》文皆奇澀，非作文者故欲如此，蓋當時語自爾也。」今按：此說是也。大抵《書》文，〈訓〉、〈誥〉多奇澀，而〈誓〉、〈命〉多平易。蓋〈訓〉、〈誥〉皆是記錄當時號令於眾之本語，故其間多有方言及古語，在當時則人所共曉，而於今世反為難知；〈誓〉、〈命〉則是史官所撰，櫽括潤色，粗有體製，故在今日亦不難曉耳。（《書集傳》，〈大序〉案語，頁 5 引）

另一方面，蔡《傳》在〈五子之歌〉「惟彼陶唐，有此冀方，今失厥道，亂其紀綱，乃底滅亡」，引《左傳》說：

> 按：左氏所引「惟彼陶唐」之下，有「帥彼天常」一語。「厥道」作「其行」，「乃底滅亡」作「乃滅而亡」。（卷二，頁 33）

當然，據上文引述，未能了解蔡《傳》對比《左傳》與《尚書》文句的動機（或無此辨證企圖），是否為有自覺地運用朱子考辨引文真偽的方法，「一則以其義理之當否而知之，二則以其左驗之異同而質之」（《朱文公文集》，卷三八，〈答袁機仲〉，頁 611），來辨偽《古文尚書》？可以肯定的是，蔡沈未進

一步辨證僞《古文尙書》，應是「十六字心傳」的緣故。

在〈大禹謨〉中有「人心惟危，道心惟微；惟精惟一，允執厥中」四句，朱子視爲聖門眞傳，以「二帝傳心」爲講道統的重要依據。〔註 22〕依今日眼光看來，〈大禹謨〉是一篇僞《古文》，閻若璩已考證明白，但是，就十三世紀的儒者看來，虞廷傳心十六字，極有價值。〔註 23〕

由於朱子深信「危微精一」是堯、舜、禹、湯、文、武、周公、孔子、孟子等聖人代代相傳之聖道，蔡沈發揚說師，提出此十六字爲二帝三王相傳「心法」，他說：

> 二帝三王之治本於道，二帝三王之道本於心，得其心，則道與治固可得而言矣！何者？「精一執中」，堯、舜、禹相授之心法也。「建中建極」，商湯、周武相傳之心法也：曰德、曰仁、曰敬、曰誠，言雖殊而理則一，無非所以明此心之妙也。至于言天，則嚴其心之所自出，言民，則謹其心之所由施。禮、樂教化，心之發也；典章文物，心之著也；家齊國治而天下平，心之推也，心之德其盛矣乎！
> （〈九峰蔡先生書集傳序〉，頁 1）

據上言，聖人心法，就是德、仁、敬、誠四字；蔡沈認爲社會的治、亂，就在於帝王是否能操持「德仁敬誠」之心，他說：

> 二帝三王，存此心者也；夏桀、商紂，亡此心者也；太甲、成王，困而存此心者也。存則治，亡則亂。治、亂之分，顧其心之存，不存如何耳？（〈九峰蔡先生書集傳序〉，頁 1）

蔡沈主「敬」，他曾說「存中莫善於敬，進學莫善於知，二者不可廢一」（《洪範皇極內篇》，頁 574），也就是「尊德性」與「道問學」一樣重要。蔡沈又說：「敬者，聖學始終之要。未知則敬知之。不敬，則心無管懾，顛倒眩瞀。」（《書集傳》，卷五，頁 27，〈旅獒〉「志以道寧，言以道接」）也就是人心惟危，需

〔註 22〕詳見《四書章句集註》，〈中庸章句序〉，頁 1。

〔註 23〕宋儒十分重視「十六字心傳」，茲舉二例：

1. 徐喬《尚書括旨》，姚希得〈序〉說：「夫五經爲諸書之冠，而《虞》、《周》二《書》皆聖訓，〈典〉、〈謨〉『惟一惟精』之旨，又爲五經之冠，苟非深明其奧，曲洞其理，安能妄措一詞？」（《經義考》，卷八二，頁 516 引）

2. 陳經《尚書詳解》說：「帝王之書，帝王之行事也；帝王之行事，帝王之心也；帝王以是心見諸行事，而載諸〈典〉、〈謨〉、〈誓〉、〈命〉、〈訓〉、〈誥〉，夫人皆能知之。……昔嘗觀授受之秘，『危微精一』，片辭隻語足以該之，至易曉也。」（《經義考》，卷八三，頁 3 引）

要主「敬」養心。

就蔡氏疏證「危微精一」而言，全本朱子之意，只需拿《朱子語類》一對照，顯然可見，〔註24〕蔡沈說：

> 心者，人之知覺，主於中而應於外者也。指其發於形氣者而言，則謂之人心；指其發於義理者而言，則謂之道心。人心易私而難公，故危；道心難明而易昧，故微。惟能精以察之而不雜形氣之私，一以守之而純乎義理之正，道心常爲之主，而人心聽命焉，則危者安，微者著，動靜云爲，自無過、不及之差，而信能執其中矣。堯之告舜，但云「允執其中」，今舜命禹，又推其所以而詳告之。蓋古之聖人將以天下與人，未嘗不以其治之之法并而傳之，其見於《經》者如此，後之人君，其可不深思而敬守之哉？（《書集傳》，卷一，頁25）

就蔡氏對「心」的看法而言，他說人心至靈，如虛明之頃，「事物之來，是是非非，無不明也。少則昏矣，久則怠矣，又久則棄之矣」（《洪範皇極內篇》，頁574）。若以「敬」涵養此「心」，靜時念念去欲存理，動時念念去欲存理，則萬事清明於心。他又說：

> 人能超乎形器，拔于物欲，達其初心，則天下之理得矣。
>
> 人之一心，實爲身主，其體則有仁、義、禮、智之性，其用則有惻隱、羞惡、辭讓、是非之情。方其寂也，渾然在中，無所偏倚，與天地同體，雖鬼神不能窺其幽。及其感也，隨觸隨應，範圍造化，曲成萬物，雖天地不能與其能。
>
> 至一而精，而虛而靈。有動有靜，動直靜凝。靜已而動，動已而靜。一靜一動，爲屈爲伸，爲鬼爲神。人心至妙，萬物之節，動靜之機。
>
> （《洪範皇極內篇》，頁574～575）

關於蔡氏「理出於心」的命題，和朱子不同，甚至接近陸象山。

第三節　《書集傳》與朱子《尚書》學的關係

前文論及朱子視沈爲其《尚書》學傳人，但是朱子高弟陳淳卻表示：「自先師去後，學者又多專用，蔡仲默、林子武皆有《書》解，聞皆各自爲一家。」

〔註24〕詳見《朱子語類》，卷七八，〈大禹謨〉，頁52～67；戴靜山先生撰：〈「人心之危，道心之微」申義〉，《梅園論學續集》，頁1244。

（《北溪先生大全文集》，卷二五，〈答郭子從〉，頁 3～4）有關陳淳的說法，似有批評蔡沈不守師法之意，爲了進一步考察《書集傳》與朱子《尚書》學〔註25〕的關係，茲申述如下：

一、申釋《尚書》字、詞

關於朱、蔡注釋《尚書》的方式，大多是簡單三兩語之詮釋，親切精當，易於掌握。在比較朱、蔡《尚書》字、詞的內容之前，有四點值得注意：〔註26〕

1. 據《朱文公文集》、《續集》、《朱子語類》的著錄，朱子的《尚書》學論著，雖無專書，但有訂正《書集傳》——〈堯典〉、〈舜典〉、〈大禹謨〉（未完，止於「若帝之初」三篇經注）、〈書大序〉解、〈金縢說〉、〈召誥序〉、〈召誥〉解、〈洛誥〉解、〈康誥〉解、〈武成日月譜〉、〈考定武成次序〉、〈舜典象刑說〉、〈記尚書三義〉（〈堯典〉卒章、〈舜典〉「肆覲東后」、〈大誥〉「天畏匪忱」）、〈九江彭蠡辨〉、〈皇極辨〉、「論〈小序〉非孔子作」等單篇論著。〔註27〕

〔註25〕有關論述朱子《尚書》學的論文，詳見 1. 錢穆撰：〈朱子之書學〉，《朱子新學案》（臺北：三民書局，1982 年 4 月），第四冊，頁 81～94。2. 李學勤撰：〈朱子的《尚書》學〉，《朱子學刊》（福州：福建人民出版社，1989 年 4 月），第一期（創刊號），頁 88～99。3. 劉人鵬撰：〈論朱子未嘗疑《古文尚書》僞作〉，《清華學報》（1992 年 12 月），新第二十二卷第四期，頁 399～430。4. 蔡根祥撰：〈晦翁尚書學案〉，《宋代尚書學案》（臺北：國立臺灣師範大學國文研究所博士論文，1994 年 6 月），頁 807～863。5. 程師元敏撰：〈朱熹蔡沈師弟子書序辨說版本微孚〉，《經學研究論叢》，第四輯（1995 年 10 月），頁 37～80。

〔註26〕陳淳說：「《書》無文公解，然有〈典〉、〈謨〉二篇，說得已甚明白，親切精當，非博物洽聞、理明義精不及此。」（《經義考》，卷八二，頁 1 下引）

〔註27〕關於朱子的《尚書》論著，舉其大者，計有：
1. 〈書大序〉解，見《朱文公文集》，〈雜著〉，卷六五，頁 1198～1200。
2. 〈堯典〉解，詳見《朱文公文集》，〈雜著〉，卷六五，頁 1200～1202。
3. 〈舜典〉解，詳見《朱文公文集》，〈雜著〉，卷六五，頁 1202～1206。
4. 〈大禹謨〉解（止於「若帝之初」），詳見《朱文公文集》，〈雜著〉，卷六五，頁 1206～1208。
5. 〈金縢說〉，詳見《朱文公文集》，〈雜著〉，卷六五，頁 1208～1209。
6. 〈召誥序〉，詳見《朱文公文集》，〈雜著〉，卷六五，頁 1209。
7. 〈召誥〉解，詳見《朱文公文集》，〈雜著〉，卷六五，頁 1209～1211。
8. 〈洛誥〉解，詳見《朱文公文集》，〈雜著〉，卷六五，頁 1211～1212。
9. 〈康誥〉解（零星句解），見《朱文公文集》，〈雜著〉，卷六五，頁 1212。

2. 今對照《朱文公文集》、《書集傳》之二〈典〉、〈禹謨〉，有三點不同：

〔註 28〕

> 其一，在分別《今文》、《古文》方面，朱子先記《古文》，後記《今文》；蔡沈則先記《今文》，後記《古文》。如〈堯典〉，朱子作「《古文》、《今文》皆有」，蔡傳作「《今文》、《古文》怕皆有」；如〈舜典〉，朱子作「《古文》有，《今文》合於〈堯典〉」，蔡傳作「《今文》、《古文》皆有，《今文》合於〈堯典〉而無篇首二十八字」；如〈大禹謨〉，朱子作「《古文》有，《今文》

---

10. 〈武成日月譜〉，詳見《朱文公文集》，〈雜著〉，卷六五，頁 1213。
11. 〈考定武成次序〉，詳見《朱文公文集》，〈雜著〉，卷六五，頁 1213～1214。
12. 〈舜典象刑說〉，詳見《朱文公文集》，〈雜著〉，卷六七，頁 1236～1237。
13. 〈記尚書三義〉（解〈堯典〉卒章、〈舜典〉「肆覲東后」、〈大誥〉「天畏匪忱」），詳見《朱文公文集》，〈雜著〉，卷七一，頁 1303。
14. 〈九江彭蠡辨〉，詳見《朱文公文集》，〈雜著〉，卷七二，頁 1311～1314。
15. 〈皇極辨〉，詳見《朱文公文集》，〈雜著〉，卷七二，頁 1315～1316。
16. 〈書臨漳所刊四經後〉，詳見《朱文公文集》，卷八二，頁 1491。
17. 〈刊四經成告先聖文〉，詳見《朱文公文集》，卷八六，頁 1546。
18. 黎靖德編《朱子語類》，〈尚書〉，卷七八、卷七九。
19. 〈朱熹問答〉（多爲《朱文公文續集》，〈答蔡仲默〉六條，卷三，頁 1286），詳見《朱文公訂正門人蔡九峰書集傳》，卷首。
20. 〈朱子說書綱領〉，詳見董鼎《書蔡傳輯錄纂註》，卷首、陳櫟《書蔡傳纂疏》，卷首。

朱子有關《尚書》的零星意見，散見於往來書信，茲舉二例：

1. 朱子〈答謝成之〉：「所示二〈典〉說，大概近似，目昏尚未及細看。此中今年絕無來學者，只邵武一朋友見編《書》說未備，近又遭喪，俟其稍定，當招來講究，亦放《詩傳》作一書。彼編所看，後編得接續寄來尤幸，恐當有所助耳。但三山林少穎說亦多可取，乃不見編入，何耶？李氏說爲誰其論『放勳』字義與林說正相似，文以『欽哉』爲『戒飭二女之詞』，則正與鄙意合也。蓋『女于時』、『觀厥刑于二女』皆堯語，其下云釐降二女于嬀汭嬪于虞，乃是《史記》其下嫁二女于嬀水而爲婦於虞氏，於是堯戒以『欽哉』，正如所謂必敬必戒者，乃敘事之體也。自〈孔傳〉便以女于時以下爲史官所記，故失其指耳……。」（《朱文公文集》，卷五八，頁 1043）

2. 朱子〈答李堯卿〉：「〈康誥〉，〈小序〉以爲成王封康叔之書，今考其詞，謂康叔爲弟而自稱寡兄，又多述文王之德，而無一字及武王者，計乃是武王時書，而序者失之。向來於《或問》中曾有此一段，後覺其非急，遂刪去，今亦不必添也，但存此一句，讀者須自疑著，別去推蕐也。」（《朱文公文集》，卷五七，頁 1023）

〔註 28〕有關比對朱、蔡二〈典〉、〈禹謨〉二篇同異的情形，詳見本書〈附錄〉。

無」，蔡傳作「《今文》無，《古文》有」。

其二，在注解字、詞方面，如〈舜典〉「殳斨暨伯與」，朱子定「殳斨、伯與」爲二臣名，蔡沈則認爲「殳、斨、伯與」爲三臣名。

其三，在解釋制度方面，朱、蔡對「神宗」是否爲堯廟的看法不同。朱子說「神宗，說者以爲舜祖顓頊而宗堯，因以神宗爲堯廟，未是是否」，尚守闕疑之則。蔡沈則說：「神宗，堯廟也。蘇氏曰：『堯之所從受天下者曰文祖，舜之所從受天下者曰神宗。受天下於人，必告於其人之所從受者。』《禮》曰『有虞氏禘黃帝而郊嚳，祖顓頊而宗堯』，則神宗爲堯明矣。」

3. 朱子門人李道傳、黃士毅、李性傳、蔡抗、王佖、吳堅、黎靖德均編有《朱子語錄》，〔註29〕從《朱子語錄》的著成時間來看，如李道傳《池州刊朱子語錄》，著成於南宋寧宗嘉定八年（1215），《書集傳》成於朱子既歿之後，門人《語錄》未萃之前。

4. 關於《朱子語類》的性質，黃榦（1152～1221）說得很清楚：「記錄之語，未必盡得師傳之本旨，而更相傳寫，又多失其本眞；甚或輒自刪改，雜記訛舛，幾不可讀。」（〈池州刊朱子語錄後序〉）又說「不可以

〔註29〕此指宋‧黎靖德編《朱子語類》（上海：上海古籍出版社，1992 年 5 月），此本綜合了九十七家所記載的朱熹語錄（另不知何氏者四人）。本書之收錄時間，自南宋孝宗乾道六年（1170），至南宋寧宗慶元五年（1199），歷時約三十年。

按：朱子門人所編「朱子語錄」，約有下列數種版本：

1. 李道傳《池州刊朱子語錄》，著成於南宋寧宗嘉定八年（1215），詳見〈池州刊朱子語錄序〉。

2. 黃士毅《眉州刊朱子語類》，著成於南宋寧宗嘉定十二年（1219），詳見〈朱子語類後序〉。

3. 李性傳《饒州刊朱子語續錄》，著成於南宋理宗嘉熙二年（1238），詳見〈饒州刊朱子語續錄後序〉。

4. 蔡抗《饒州刊朱子語後錄》，著成於南宋理宗淳祐九年（1249），詳見〈饒州刊朱子語後錄後序〉。

5. 王佖《徽州刊朱子語別錄》，著成於南宋理宗淳祐十二年（1252），詳見〈徽州刊朱子語別錄後序〉。

6. 吳堅《建州刊朱子語別錄》，著成於南宋度宗咸淳初年（1265），詳見〈建州刊朱子語別錄後序〉。

7. 黎靖德《朱子語類》，著成於南宋度宗咸淳六年（1270），詳見〈朱子語類序〉。

隨時應答之語，易平生著述之書」（李性傳〈饒州朱子語續錄後序〉引
黃榦語）由於朱子沒有《尚書》學之專著，此處仍采用《朱子語類》
作爲比較朱、蔡《尚書》學之基礎材料。

　　在朱、蔡在申釋《尚書》字、詞方面，由於朱、蔡皆藉由漢、唐古注疏
來認識經典，二者在重新詮釋經書的過程中，對於某些字、詞的解釋，直襲
古注，使得注解觀點一致，用詞也很類似，如〈太甲上〉「先王顧諟天之明命」，
朱、蔡均從古注，訓「顧」爲「常目在之也」（《書傳輯錄纂註》，卷三，頁 13）
再如〈大誥〉「弗弔，天降割于我家，不少延（用蔡沈句讀）」，朱、蔡均訓「弔」
猶《詩》言「不弔昊天」之「弔」（《書傳輯錄纂註》，卷四，頁 45）。關於朱、
蔡取義相同的情形，也有可能是「故凡引用師說，不復識別」的緣故（〈九峰
蔡先生書集傳序〉），例如《書集傳》據朱子，注〈舜典〉「肆覲東后」（卷一，
頁 11）、收錄〈考定武成次序〉（卷四，頁 14），均未注明出處。

　　再者，由於朱子只改定《書集傳》之〈堯典〉、〈舜典〉、〈大禹謨〉部分
的內容，在三篇之外，朱、蔡注《書》，相異者計三十餘則（參見〈堯典〉、〈大
禹謨〉、〈皋陶謨〉、〈益稷〉、〈禹貢〉、〈五子之歌〉、〈泰誓上〉、〈金縢〉、〈大
誥〉、〈召誥〉、〈洛誥〉、〈多士〉、〈立政〉、〈周官〉、〈顧命〉、〈康王之誥〉、〈文
侯之命〉、〈費誓〉諸篇），如〈金縢〉「周公居東二年，則罪人斯得」，朱子說：
「王室至親與諸侯連衡背叛，當國大臣豈有坐視不救之理？帥師征之，乃是
正義，不待可與權者而後能也。若馬、鄭以爲東行避謗，乃鄙生腐儒不達時
務之說，可不辨而自明。」（《書傳輯錄纂註》，卷四，頁 42）《書集傳》說：「居
東，居國之東也。鄭氏謂避居東都，未知何據？孔氏以居東爲東征，非也。
方流言之起，成王未知罪人爲誰？二年之後，王始知流言之爲管、蔡。」（卷
四，頁 31）

　　〈康王之誥〉「張皇六師，無壞我高祖寡命」，朱子說：「古者，兵藏於農，
故六軍皆寓於農，『張皇六師』，則是整理民眾底意思。」（《朱子語類》，楊至
錄，卷七九，頁 361）《書集傳》則表示：「『皇』，大也。『張皇六師』，大戒戎
備。」（卷六，頁 16）由於朱、蔡注《書》相異處，集中於《周書》，故吳澄
曾經表示：

　　（朱子）訂定蔡氏《書傳》，僅至「百官若帝之初」而止，他篇文義
　　雖承師授，而《周書・洪範》以後，浸覺疏脫。師說甚明而不用者
　　有焉，豈著述未竟而人爲增補與？抑草稿初成而未及修改與？〈金

滕〉「弗時」，鄭非孔是，昭昭也，既迷於自擇，而與朱子《詩傳》、《文集》不相同。然謂「鴟鴞取卵破巢比武庚之敗管、蔡及王室」，則又同於《詩傳》，而與上文「避居東都」之說自相反。一簡之內而前後牴牾如此，何哉？〈召〉、〈洛〉二誥，朱子之說具在，而《傳》不祖襲之，故切疑〈洪範〉以後，殆非蔡氏之手筆也。（《書傳輯錄纂註》，〈吳澄序〉，《經義考》，卷八五，頁7引）

　　吳澄提出的疑問，即《書集傳》「師說甚明而不用」的問題，關於這一點，陳櫟也有相同的困擾，他說：「朱子訂《傳》，元本有曰：正月，次年正月也；神宗，說者以爲舜祖顓頊而宗堯，因以神宗爲堯廟，未知是否如帝之初等事？蓋未嘗質言爲堯廟。今本云云，其朱子後自改乎？抑蔡氏所改乎？《語錄》嘗云堯廟當立於丹朱之國；又云祭法之說，伊川以爲可疑，更當博考。」（《書傳輯錄纂註》，〈大禹謨〉，卷一，頁 42）由於《朱子語類》非朱子自著，《語錄》所載，未必朱子晚年定論，如《書集傳》注〈堯典〉「朞三百有六旬又六日，以閏月定四時成歲」，明太祖曾以《詩集傳‧十月之交》相詰，指責蔡沈不守師法（《經義考》，卷八七，頁 1），事實上，朱子對於「日月右旋」的說法，已作了修正，如門人沈僩錄朱子說：

> 問：「經星左旋，緯星與日月右旋，是否？」曰：「今諸家是如此說。橫渠說天左旋，日月亦左旋，看來橫渠之說極是，只恐人不曉，所以《詩傳》只載舊說。」或問：「此亦易見。如以一大輪在外，一小輪載日月在內，大輪轉急，小輪轉緩。雖都是左轉，只有急有慢，便覺日月似右轉了。」先生云：「若如此，則歷（曆）家『逆』字皆著改作『順』字；『進』字，皆著改作『退』字。」（《書傳輯錄纂註》，卷一，頁8）

例如朱子對於〈金縢〉「我之弗辟，我無以告我先王」的看法，前後意見不同，他曾向董銖表示「辟字當從古註說」（《書傳輯錄纂註》，卷四，頁 42），朱子在〈答蔡仲默〉中，又舉證「向董叔重得《書》，亦辨此條，一時信筆答之，謂當從古註說，後來思之，不然」（《朱文公文續集》，卷三，頁 1826），可見評介朱、蔡《尚書》學的異同，有引用材料上的困難性。

　　在推求注《書》方法方面，朱子擅長融會前篇來注解經文，蔡沈未必如此，茲舉二例：

1. 〈益稷〉「惟帝時舉，敷納以言，明庶以功，車服以庸」，朱子據〈舜

典〉「明『試』以功，車服以庸」（《書集傳》，卷一，頁 36）說：「恐庶字誤，只是試字。」（《朱子語類》，卷七八，輔廣錄，頁 332）《書集傳》則表示：「明庶者，明其眾庶也。」（卷一，頁 36）

2. 〈顧命〉「昔君文王、武王，宣重光，奠麗陳教則肄」（卷六，頁 9）朱子據〈多方〉「厥圖帝之命，不克開于民之『麗』」（《書集傳》，卷五，頁 35）、〈呂刑〉「越茲麗刑並制，罔差有辭」、「惟時苗民匪察于獄之『麗』」（《書集傳》，卷六，頁 76、79）說：「前篇有以『麗』訓『刑』者，『肄』當訓『習』。」（《書傳輯錄纂註》，卷六，頁 11）《書集傳》注曰：「『奠』，定。『麗』，依也。」（卷六，頁 9）

在分章絕句方面，朱、蔡也不盡相同，茲舉重要者如下：

1. 〈文侯之命〉「即我御事，罔或耆壽，俊在厥服，予則罔克」（據朱子標點），朱子舉證說：「舊讀作一句，今觀古記欽識中多云『俊在位』，則當於壽字絕句矣。」（《書傳輯錄纂註》，卷六，頁 38）《書集傳》從舊說，以「罔或耆壽俊在厥服」作一句（卷六，頁 74）。

2. 〈大誥〉「已！予惟小子，若涉淵水，予惟往求朕攸濟。敷賁，敷前人受命，茲不忘大功，予不敢閉于天降威用。寧王遺我大寶龜，紹天明；即命，曰：『有大艱于西土，西土人亦不靜，越茲蠢。』」（據蔡沈標點）朱子參考王安石的說法，以「予不敢閉于天降威，用寧王遺我大寶龜」絕句（《朱子語類》，卷七八，楊道夫錄，頁 359），蔡沈以「寧王遺我大寶龜」作一句（《書集傳》，卷四，頁 33～34）。

朱子讀《尚書》，主張「可通則通，不可通，姑置之」（《書傳輯錄纂註》，卷三，〈盤庚〉，頁 22），如〈無逸〉「君子所其無逸」，呂祖謙訓「所」為「居」，朱子批評說：「恐有脫字，則不可知。若說不行，而必強立一說，雖若可觀，只恐道理不如此。」（《朱子語類》，卷七八，襲蓋卿錄，頁 360）〈太甲上〉「惟尹躬先見于西邑夏，自周有終，相亦惟終」，潘子善問朱子：「古註及諸家皆以『周』訓『忠信』，竊謂以『忠信自周』則可，以『忠信』訓『周』恐未安，未知如何？」朱子說：「自周二字，本不可曉。」（《書傳輯錄纂註》，卷三，頁 13）《書集傳》中，蔡沈據《國語》訓「忠信」為「周」。

在注《書》原則方面，朱子對於《尚書》中難以解釋的部分，多持保留的態度，如〈堯典〉、〈大禹謨〉、〈皋陶謨〉、〈益稷〉、〈禹貢〉、〈胤征〉、〈仲虺之誥〉、〈盤庚〉、〈泰誓〉、〈大誥〉、〈康誥〉、〈費誓〉、〈秦誓〉諸篇難解的

字句，朱子說「不可曉，當闕之」（指〈皋陶謨〉「載采采」，《書傳輯錄纂註》，卷一，頁 45），他也評論呂祖謙注《書》的缺點，就在於「不能闕所疑」（《朱文公文集》，〈跋呂伯恭書說〉，呂祖謙語，卷八三，頁 1498）。〔註30〕蔡沈於〈堯典〉、〈禹貢〉、〈盤庚〉、〈康誥〉、〈洛誥〉、〈多士〉、〈君奭〉、〈康王之誥〉、〈呂刑〉、〈召誥〉諸篇，雖然也承認了《尚書》「語多未詳」（〈君奭〉篇題下，卷五，頁 75），《四庫全書總目》仍然指出：

> ……朱子之說《尚書》，主於通所可通而闕其所不可通，見於《語錄》者，不啻再三，而沈於殷〈盤〉、周〈誥〉，一一必求其解，其不能無憾也固宜。（卷一一，經部，《書》類一，頁 22，《書集傳》提要）

四庫館臣指出蔡《傳》在朱子指示應該「闕疑」的部分，卻「必求其解」，他們對蔡沈不能完全遵守師說，表示遺憾，這也說明了乾嘉學者對《書集傳》的看法。

二、辨僞《古文尚書》

若論朱子對於「考證」的態度，他曾對孫季和表示：「讀書玩裡外，考證

〔註30〕朱子曾批評呂祖謙注《書》，不能闕疑，茲舉數例：

1. 《朱子語類》：「呂伯恭解《書》，自〈洛誥〉始。某問之曰：『有解不去處否？』曰：『也無。』無及數日後，謂某曰：『《書》也，是有難說處，今只是強解將去爾。』要之，伯恭卻是傷於巧。」（卷七八，〈綱領〉，楊道夫錄，頁 20）

2. 《朱子語類》：「問《書》當如何看？曰：『且看易曉處，其他不可曉者，不要強說，縱說得出來，恐未必是當時本意。近世解《書》者甚眾，往往皆是穿鑿，如呂伯恭亦未免此也。』」（卷七八，〈綱領〉，潘時舉錄，頁 20）

   朱子說：「若如〈盤庚〉諸篇已難解，而〈康誥〉之屬，則已不可解矣。昔日伯恭相見，語之以此，渠云：『亦無可闕處。』因語之云：『若如此，則是讀之未熟。』後二年相見，云：『誠如所說。』」（《朱子語類》，卷七八，〈綱領〉，鄭可學錄，頁 12）

3. 朱子〈跋呂伯恭書說〉：「予往年送伯恭父於鵝湖，知其有此書，而未及見也。因問其間得無亦有闕文疑義者乎？而伯恭父曰：『無有！』予心固竊□之。後數年，再會於衢州，伯恭父始謂予曰：『《書》之文，誠有不可解者，甚晦前日之不能闕所疑也。』予乃歎伯恭之學已精而其進猶未已，然其後竟未及有所刊定而遽不起疾，則其微詞奧義無所更索，而此書不可廢矣。今伯恭父之內弟曾侯致虛鋟木南康而屬予記其後，予惟伯恭所以告予者，雖其徒或未必知，因其具論其本末，如此使讀者知求伯恭父晚所欲闕者而闕之，則庶幾乎得其所以書矣。」（《朱文公文集》，卷八三，頁 1499）

又是一種工夫，所得無幾而費力不少，向來隅自好之，固是一病，然亦不可謂無助也」（《朱文公文集》，卷五四，〈答孫季和〉，頁 960）在朱熹看來，「道問學」是認識眞理的基本方法，而考證有助於了解聖人本意，據朱子〈答吳斗南書〉說：「若論爲學，則考證已是末流，況此（考草木）又考證之末流，恐自此不須更留意，卻且收拾身心向裏做些工夫。」（《朱文公文集》，卷五九，頁 1077）朱子說明了「考證」不過是一種治學方法，他最重視的還是格物窮理的內向工夫。

有關辨論《古文尚書》，朱子發覺〈大序〉與《孔傳》文字細膩，恐怕不是漢人手筆，他說：「《尚書·孔安國傳》，此恐是魏、晉間人所作，托安國爲名，與毛公《詩傳》大段不同。今觀〈序〉文，亦不類漢文章，如《孔叢子》亦然，皆是那一時人所爲。」（《朱子語類》，卷七八，〈尚書一〉，〈綱領〉，輔廣錄，頁 302）

至於〈小序〉，他確信地表示〈小序〉非孔子作。爲了使讀者「得見聖經之舊，而不亂乎諸儒之說」，朱子主張合〈小序〉爲一篇，總置於經文之後（《朱文公文集》，卷八二，〈書臨漳所刊四經後·書〉，頁 1491），他對學生說：「古本自是別作一處，如《易》〈大傳〉、班固〈序傳〉並在後，京師舊本揚子〈注〉，其〈序〉亦總在後。」（《朱子語類》，卷八十，〈詩一〉，〈綱領〉，廖德明錄，頁 372）對於〈小序〉的內容，朱子也抱持懷疑的態度（如〈西伯戡黎序〉、〈康誥序〉），他批評〈書序〉不足深信（《書傳輯錄纂註》，卷三、四，頁 41、53）。如〈君奭〉，朱子對於〈小序〉「召公爲保，周公爲師，相成王爲左右；召公不說，周公作〈君奭〉」的說法，頗不以爲然，他說：「召公不悅，只是〈小序〉恁地說，裏面卻無此意。」（《書傳輯錄纂註》，卷五，頁 27）關於朱子對於〈小序〉的態度，他說：

> 至諸〈序〉之文，或頗與經不合，如〈康誥〉、〈酒誥〉、〈梓材〉之類；而安國之〈序〉又絕不類西京文字，亦皆可疑。獨諸〈序〉之本不先經，則賴安國之序而可見，故今別定此本，一以諸儒本文爲經，而復合〈序〉篇於後，使覽者得見聖經之舊，而不亂乎諸儒之說。（《朱文公文集》，卷八二，〈書臨漳所刊四經後·書〉，頁 1491）

有關朱子對二〈序〉、《孔傳》的看法，蔡沈亦如是說，詳見本文第三章第一節《書集傳》對漢學典範的繼承與批評、第四章第二節《書集傳》對〈書序〉的態度；有趣的是，朱、蔡雖同疑孔安國《古文尚書》，卻不全部懷疑，

只怕倒了六經（《朱子語類》，〈金縢〉，葉賀孫錄，卷七九，頁 356）。

　　朱、蔡畢竟是理學家，而不是考據家，[註31]面對需要檢覈引用材料的真偽問題時，朱子語氣堅定地說明論辨的程序，「一則以其義理之當否而知之，二則以其左驗之異同而質之，未有舍此兩塗而能直以臆度懸斷之者也」（《朱文公文集》，〈答袁機仲〉，卷三八，頁 611），如果細加分析，便會發現朱、蔡重視義理的取捨，甚於經典的研究。例如朱子要人細讀〈胤征〉、〈伊訓〉、〈太甲〉、〈說命〉（《書傳輯錄纂註》，〈朱子說書綱領〉，頁 8216），他說：「伊尹書及〈說命〉三篇，大抵分明易曉。今人觀《書》，且看他那分明底，其難曉者且置之，政使曉得，亦不濟事。」（《朱子語類》，〈伊訓〉，輔廣錄，卷七九，頁 338）朱、蔡皆肯定張栻推崇〈大禹謨〉「人心惟危，道心惟微。惟精惟一，允執厥中」十六字和〈咸有一德〉「德無常師，主善為師；善無常主，協于克一」四句為「《尚書》語之最精密者」[註32]（依今日眼光看來，它們都是偽《古文尚書》。）至於〈康誥〉、〈梓材〉、〈酒誥〉、〈泰誓〉、〈武成〉、〈湯誥〉、〈五子之歌〉、〈冏命〉、〈微子之命〉、〈蔡仲之命〉、〈君牙〉、〈高宗肜日〉、〈西伯戡黎〉諸篇，朱、蔡便發揮了懷疑精神，或疑經文錯簡、衍文、誤字，[註33]或疑經文「《今文》多艱澀，而《古文》反平易」的不合理現象，[註34]一心只想「復聖經之舊」（《朱文公文集》，〈書臨漳所刊四經後・書〉，卷八二，頁 1490）。[註35]

三、見得二帝三王本心

　　前文論及蔡沈《書集傳》之訓釋方式，比較站在漢學傳統來處理《尚書》

[註31]　余英時先生說：「因為經典整理工作在宋明儒學傳統中畢竟是次要的，這幾百年中的第一流學術人才都在心性辨析上用工夫。所以朱熹儘管在訓詁考釋方面有卓越的貢獻，基本上他仍然是一位理學家，而不是考據家。」詳見余英時：〈從宋明儒學的發展論清代思想史——宋明儒學中智識主義的傳統〉，《歷史與思想》（臺北：聯經出版事業公司，1976 年 9 月），頁 95。

[註32]　詳見《朱子語類》，卷七九，〈咸有一德〉，余大雅錄，頁 340。

[註33]　朱子說：「伏生倍文暗誦，乃偏得其所難？而安國考定於科斗古書錯亂磨滅之餘，反專得其所易，則又有不可曉者。」（《朱文公文集》，〈書臨漳所刊四經後〉，〈書〉，卷八二，頁 1490）
　　　　關於蔡沈對偽《古文尚書》的考辨，詳見第四章第一節〈重定《尚書篇第》〉。

[註34]　詳見《書集傳》，〈大序〉案語，頁 7。

[註35]　詳見白壽彝編：《朱子辨偽書語》（臺北：世界書局，1970 年）。

中的問題，至於《尚書》各篇的義理，蔡沈則發揮了朱熹師法，以「見得二帝三王之心」爲詮釋《尚書》的主軸，(《朱文公續集》,〈答蔡仲默〉五，卷三，頁 1826)，他說：

> 二帝三王之治本於道，二帝三王之道本於心。得其心，則道與治固可得而言矣。何者？「精一執中」，堯、舜、禹相授之心法也。「建中建極」，商湯、周武相傳之心法也：曰德、曰仁、曰敬、曰誠，言雖殊而理則一，無非所以明此心之妙也。至於言天，則嚴其心之所自出。言民，則謹其心之所由施。禮樂教化，心之發也。典章文物，心之著也，家齊國治而天下之推也，心之德其盛矣乎！二帝三王存此心者也。存則治，亡則亂。治、亂之分，顧其心之存不存如何耳？後世人主有志於二帝三王之治，不可不求其道；有志於二帝三王之道，不可不求其心。求心之要，舍是《書》何以哉？(《朱文公訂正門人蔡九峰書集傳》,〈九峰蔡先生書集傳序〉，卷首)

依朱子，〔註36〕「心」指知覺，他說：「有知覺謂之心。」(《朱子語類》,〈大禹謨〉，李方子錄，卷七八，頁 322) 他所謂「心」能思能知，是人身的主宰，朱熹說：

> 心，則人之所以主於身，而具是理者也。(《朱文公文集》,〈盡心說〉，卷六七，頁 1242)

「心」除了「具眾理」之外，而且湛然如鏡，「事物之來，隨感而應」(《朱子語類》,〈大學三〉，葉賀孫錄，卷十六，頁 79)，只有通過一定的修養工夫，才能理性地控制知覺活動，達到道德意識支配人的行爲的目標。

朱熹早年認爲，人的知覺活動有兩種內容，即是「人心」與「道心」的區別：

> 心，一也，操而存則義理明，而謂之道心；舍而亡（亡不是無，只

〔註36〕本文論述朱子思想，主要參考以下論文：1. 余英時：〈從宋明儒學的發展論清代思想史──宋明儒學中智識主義的傳統〉，《歷史與思想》(臺北：聯經出版事業公司，1976 年 9 月)，頁 87～119。2. 李學勤：〈朱子的《尚書》學〉，《朱子學刊》(福州：福建人民出版社，1989 年 4 月)，第一期(創刊號)，頁 89～99。3. 劉述先：〈朱熹的思想究竟是一元論或是二元論〉，《中國文哲研究集刊》(臺北：中央研究院中國文哲研究所籌備處，1991 年 3 月)，頁 181～198。4. 楊雅婷：《朱子思想中「心」的意義與問題》(臺北：臺灣大學中文研究所碩士論文，1991 年 11 月)。5. 陳來：〈朱陸之辨〉，《朱熹哲學研究》(北京：中國社會科學出版社，1993 年 3 月)，頁 271～355。

是走出逐物去了）則物欲肆，而謂之人心。自人心而收回便是道心，
自道心而放出便是人心。頃刻之間，恍惚萬狀，所謂出入無時，莫
知其嚮也。（《朱文公文集》，〈答許順之〉十九，卷三九，頁 647）
或問人心，道心之別？曰：「只是這一箇心，知覺從耳目之欲上去，
便是人心。知覺從義理上去，便是道心。人心則危而易陷，道心則
微而難著，亦微妙之意。」（《朱子語類》，卷七八，〈大禹謨〉，林學
蒙錄，頁 321）

朱子晚年作《四書章句集註》，他指出「必使道心爲一身之主，而人心每聽命
焉」（《四書集註》，〈中庸章句序〉），才能使危者安，微者著（所謂「人心惟
危，道心惟微」）。蔡沈完整引用朱子的話，來注解「人心惟危，道心惟危；
惟精惟一，允執厥中」，他說：

心者，人之知覺，主於中而應於外者也。指其發於形氣者而言，則
謂之人心；指其發於義理者而言，則謂之道心。人心易私而難公，
故危；道心難明而易昧，故微。惟能精以察之而不雜形氣之私，一
以守之而純乎義理之正，道心常爲之主，而人心聽命焉，則危者安，
微者著，動靜云爲，自無過、不及之差，而信能執其中矣。（《書集
傳》，卷一，頁 25）

至於朱熹修養心性的工夫論，主要從「致知」、「窮理」入手。有關「致
知」，朱子認爲聖賢之道載於經，藉由讀書的過程，才能明白得失、是非，入
於堯、舜之道（《朱文公文集》，〈答陳明仲〉十五，卷四三，頁 724）。朱子又
指出「儒者之學，以窮理爲先」，透過「窮理」才能「盡乎此心之量」（《孟子
集註》，〈盡心〉）。蔡沈則主「敬」以養「心」，他說「存中莫善於敬，進學莫
善於知，二者不可廢一」（《洪範皇極內篇》，頁 574），這和朱子重視的「半日
靜坐，半日讀書」（《朱子讀書法》，卷一一，頁 7），二者意義是相同的。

朱子素來重視二〈典〉、三〈謨〉，主要是這幾篇「義理明白，句句是實
理」（《書傳輯錄纂註》，〈朱子說書綱領〉，頁 8215）。他教讀《尙書》，希望學
生能體會「堯之所以爲君，舜之所以爲臣，皋陶、稷、契、伊、傅輩所言所
行」的道理（《朱子語類》，〈尙書一〉，〈綱領〉，周謨錄，卷七八，頁 300），
他告訴陳淳：「詳考《詩》、《書》，則文、武之心可見。」（《朱文公文集》，〈答
陳安卿〉，卷五七，頁 1034）門人鄭可學讀《尙書》，首重「考歷代之變」，朱
子說「不若求聖人之心」（《朱子語類》，〈尙書一〉，〈綱領〉，鄭可學錄，卷七

八，頁 301）。朱子重視聖賢義理的程度，甚至提高到「通乎理，不必多讀古人書」的地步（《朱子語類》，〈大學〉，〈綱領〉，廖謙錄，卷一四，頁 1），在〈答許順之〉書中，朱子說「讀書大抵只就事上理會，看他語意如何，不必過爲深昧之說，卻失聖賢本意，自家用心亦不得其正，蹈其支離□僻之域，所害不細矣，切宜戒之。只就平易確實處理會也，必有事焉」（《朱文公文集》，〈答許順之〉五，卷三九，頁 641）。朱子一向注重讀書事業，〔註37〕他批評陸九淵兄弟「氣象甚好，其病卻是盡廢講學而專務踐履，卻於踐履之中，要人提撕省察，悟得本心，此爲病之大者」（《朱文公文集》，〈答張敬夫〉十八，卷三一，頁 488）；上文曾論及蔡沈特重心的認識能力，這點卻是偏離朱子了。

〔註37〕 朱子雖然是理學家，卻非常重視儒家經典，他說：「大抵子思以來，教人之法，惟以尊德性、道問學兩事爲用力之要。今子靜（陸象山）所說專是尊德性事，而熹所論卻是問學上多了。」（《朱文公文集》，〈答項平父書〉，卷五四，頁 962）

第四章　《書集傳》對《尚書》篇第與〈書序〉的看法

第一節　重定《尚書》篇第

　　關於《尚書》篇第，司馬遷以爲孔子所編定，〈孔子世家〉說：「（孔子）序書傳，上紀唐、虞之際，下至秦繆，編次其事。」（《史記會注考證》，卷四七，頁 759）班固也表示：「《書》之所起遠矣，至孔子纂焉。上斷於堯，下訖于秦，凡百篇；而爲之序，言其作意。」（《漢書藝文志注釋彙編》，頁 30～31）史遷稱孔子編定《尚書》篇次的說法，雖未必可信，惟〈小序〉出自孔壁無疑，〔註1〕今殘存六十七條，其文載於僞《古文尚書》，孔穎達說：

> 其百篇次第，於〈序〉、孔、鄭不同。孔以〈湯誓〉在〈夏社〉前，
> 於百篇爲第二十六；鄭以爲在〈臣扈〉後，第二十九。孔以〈咸有
> 一德〉次〈太甲〉後，第四十；鄭以爲在〈湯誥〉後，第三十二。
> 孔以〈蔡仲之命〉次〈君奭〉後，第八十三；鄭以爲在〈費誓〉前，
> 第九十六。孔以〈周官〉在〈立政〉後，第八十八；鄭以爲在〈立
> 政〉前，第八十六。孔以〈費誓〉在〈文侯之命〉後，第九十九；
> 鄭以爲在〈呂刑〉前，第九十七。不同者，孔依壁內篇次及〈序〉

─────────────

〔註1〕詳見程師元敏撰：〈古文尚書之壁藏發現獻上及篇卷目次考〉，《孔孟學報》，
　　　第六十六期（1993 年 9 月），頁 92～95。

爲文，鄭依賈氏所奏《別錄》爲次。孔未入學官，以此不同。考論
次第，孔義是也。（《尚書注疏》，卷二，頁1）

依《正義》，可知鄭玄所據二十四篇《逸書》、〔註2〕〈書序〉及僞《古文尚書》
所列的《尚書》篇次不盡相同。惟《正義》誤以爲《古文尚書》爲眞《尚書》，
故有「考論次第，孔義是」的說法。

　　蔡沈雖認爲孔子編定《尚書》，他在〈胤征〉篇題下說：

胤，國名。孟子曰：「征者，上伐下也。」此以「征」名，實即「誓」
也。仲康丁有夏中衰之運，羿執國政，社稷安危在其掌握，而仲康
能命胤侯以掌六師，胤侯能承仲康以討有罪，是雖末能行羿不道之
誅，明義和黨惡之罪，猶爲禮樂征伐之自天子出也，夫子所以錄其
書者以是歟？（卷二，頁34）

但是，蔡沈不信舊典範對於《尚書》篇第的安排，故蔡《傳》重定《尚書》
篇第：〔註3〕

〔註2〕《尚書正義》說：「……二十四篇者，則鄭註〈書序〉：〈舜典〉一、〈汩作〉
二、〈九共〉九篇十一、〈大禹謨〉十二、〈益稷〉十三（鄭本作〈棄稷〉、〈五
子之歌〉十四、〈胤征〉十五、〈湯誥〉十六、〈咸有一德〉十七、〈典寶〉十
八、〈伊訓〉十九、〈肆命〉二十、〈原命〉二十一、〈武成〉二十二、〈旅獒〉
二十三、〈冏命〉二十四。以此「二十四」爲十六卷，以〈九共〉九篇，其卷
除八篇，故爲十六。）（卷二，頁2，「虞書」）
　　　　此所謂「逸書」，逸《尚書》也，超出（西漢）當時朝廷所立學官（博士）所
有《尚書》篇目篇數之外者也。詳見程師元敏撰：〈古文尚書之壁藏發現獻上
及篇卷目次考〉，《孔孟學報》，第六十六期（1993年9月），頁83。
〔註3〕今據蔡沈，重定《尚書》五十八篇編目如下：

僞孔傳篇次	一	二	三	四	五	六	七	八	九	十	一一	一二	一三	一四	一五	一六	一七	一八
僞孔傳篇名	堯典	舜典	大禹謨	皐陶謨	益稷	禹貢	甘誓	五子之歌	胤征	湯誓	仲虺之誥	湯誥	伊訓	太甲上	太甲中	太甲下	咸有一德	盤庚上
蔡沈重定篇第	同上		二合一謨爲篇															
朝代	虞　書					夏　書				商　書								
帝王	堯	舜				禹		太康	仲康	湯				太甲				盤庚

其一，編定〈皐陶謨〉、〈益稷〉全屬《虞書》，並以〈禹貢〉爲《夏書》首篇。

其二，〈蔡仲之命〉，蔡沈以爲「仲，叔之子，克常敬德，周公以爲卿士。叔卒，乃命之成王而封之蔡也。周公留佐成王，食邑於圻內，圻內諸侯孟、仲二卿，故周公用仲爲卿，非魯之卿也」（卷五，頁31），也就是說蔡叔卒於周公營洛邑之前，故〈蔡仲之命〉篇次當在〈洛誥〉之前。

其三，不信〈書序〉，論〈康誥〉、〈酒誥〉、〈梓材〉爲武王誥康叔書，篇次當在〈金縢〉之前，申述如下：

一、〈康誥〉

〈康誥〉，《左傳·定公四年》記祝佗以本篇爲成王誥康叔書，他說：「昔武王克商，成王定之。選建明德，以藩屏周。……。分康叔以大路、少帛、……、殷民七族，……，封畛土略，自武父以南，及圃田之北竟。取於有閻之土，

一九	二十	二一	二二	二三	二四	二五	二六	二七	二八	二九	三十	三一	三二	三三	三四	三五	三六	三七	三八
盤庚中	盤庚下	說命上	說命中	說命下	高宗肜日	西伯戡黎	微子	泰誓上	泰誓中	泰誓下	牧誓	武成	洪範	旅獒	金縢	大誥	微子之命	康誥	酒誥
同上															康誥	酒誥	梓材	金縢	大誥
商書								周書											
盤庚		武丁				紂		武王									成王		

三九	四十	四一	四二	四三	四四	四五	四六	四七	四八	四九	五十	五一	五二	五三	五四	五五	五六	五七	五八
梓材	召誥	洛誥	多士	無逸	君奭	蔡仲之命	多方	立政	周官	君陳	顧命	康王之誥	畢命	君牙	冏命	呂刑	文侯之命	費誓	秦誓
微子之命	召誥	蔡仲之命	洛誥	多士	無逸	君奭	同上												
周書																			
成王												康王		穆王			平王	附侯之錄國事	

以共王職；取於相土之東都，以會王之東蒐；聃季授土，陶叔授民，命以〈康誥〉，而封於殷虛。」（卷二七，頁 819）嗣後〈書序〉、〈周本紀〉、〈周公世家〉、〈管蔡世家〉、〈衛康叔世家〉、《竹書紀年》皆主〈康誥〉爲成王書，〔註4〕至胡宏始系〈康誥〉、〈酒誥〉、〈梓材〉於武王紀，吳棫也在〈康誥〉「天乃大命於文王，殪戎殷」下表示：

> 「殪戎殷」，武王之事也。此稱文王者，武王不敢以爲己之功也。（《書集傳》，卷四，頁 42）

蔡沈據吳棫，定本篇爲「武王誥命康叔爲衛侯之書」，他說：

> 按：〈書序〉以〈康誥〉爲成王之書，今詳本篇，康叔於成王爲叔父，成王不應以「弟」稱之。說者謂周公以成王命誥，故曰「弟」，然既謂之「王若曰」，則爲成王之言，周公何遽自以弟稱之也？且〈康誥〉、〈酒誥〉、〈梓材〉三篇，言文王者非一，而略無一語以及武王，何耶？說者又謂「寡兄勗」爲稱武王，尤爲非義：「寡兄」云者，自謙之辭，寡德之稱，苟語他人，猶云可也，武王，康叔之兄，家人相語，周公安得以武王爲寡兄而告其弟乎？或又謂康叔在武王時尚幼，故不得封；然康叔，武王同母弟，武王分封之時，年已九十，安有九十之兄，同母弟尚幼，不可封乎？且康叔、文王之子：叔虞，成王之弟；周公東征，叔虞已封於唐，豈有康叔得封反在叔虞之後，必無是理也。又按：《汲冢周書·克殷篇》言「王即位於社南，群臣畢從，毛叔鄭奉明水、衛叔封傳禮、召公奭贊采、師尚父牽牲」，《史記》亦言「衛康叔封布茲」，與《汲書》大同小異，康叔在武王時非幼亦明矣。特序書者不知〈康誥〉篇首四十八字爲〈洛誥〉脫簡，遂因誤爲成王之書，是知〈書序〉果非孔子所作也。〈康誥〉、〈酒誥〉、〈梓材〉篇次當在〈金縢〉之前。（《書集傳》，卷四，頁 41）

據蔡沈，可得出六項要點：

〔註4〕 1. 〈周本紀〉詳見《史記會注考證》，卷四，頁 73。
   2. 〈周公世家〉說：「周公乃奉成王命，興師東伐，作〈大誥〉；遂誅管叔、殺武庚、放蔡叔、收殷餘民，以封康叔於衛；封微子於宋，以奉殷祀。」（《史記會注考證》，卷三三，頁 567）
   3. 〈管蔡世家〉，詳見《史記會注考證》，卷三五，頁 588。
   4. 〈衛康叔世家〉，詳見《史記會注考證》，卷三七，頁 600。

1. 「王若曰孟侯朕其弟小子封」,「王」指武王。康叔名封,武王同母弟。
2. 〈康誥〉、〈酒誥〉、〈梓材〉三篇無引述武王語,當武王自稱之故。
3. 武王分封時,康叔非幼齡。
4. 周公東征,成王弟叔虞已封於唐,康叔得封當不晚於叔虞。
5. 據《汲冢周書》、《史記》,舉證武王即位時,康叔已非幼齡。
6. 〈小序〉錯記〈康誥〉著成時代的原因在於,不知〈康誥〉篇首四十八字為〈洛誥〉脫簡,遂因誤為成王之書。

關於蔡《傳》「〈康誥〉篇首四十八字為〈洛誥〉脫簡」的說法,出自《東坡書傳》,蘇軾以為〈康誥〉「惟三月,哉生魄,周公初基作新大邑于東國洛;四方民大合會,侯、甸、南邦、采、衛,百工播民,和見士于周。周公咸勤,乃洪大誥治」四十八字,應為〈洛誥〉篇首,當在「周公拜手稽首」之前(《東坡書傳》,卷一二,頁 1)。蔡《傳》又據胡宏、朱子,〔註5〕以「朕其弟小子封」當指武王稱康叔為弟,而自稱寡兄,證本篇為武王誥康叔書。〔註6〕

二、〈酒誥〉

〈酒誥〉、〈書序〉以為成王告康叔之書,〈衛康叔世家〉稱周公誡康叔,「告以紂之所以亡者,以淫於酒。酒之失,婦人是用,故紂之亂自此始」(《史

〔註5〕 蔡沈對於「朕其弟小子封」的看法,據胡宏、朱子而來。
　　　　朱子〈答李堯卿〉說:「〈康誥〉,〈小序〉以為成王封康叔之書,今考其詞,謂康叔為弟,而自稱寡兄,又多述文王之德,而無一字及武王者,乃是武王時書,而序者失之。」(《朱文公文集》,卷五七,頁 1023)
　　　　胡宏的說法,見陳安卿問朱子:「『作新民』是成王封康叔之語,而《或問》中曰:『武王』,何也?」朱子說:「此《書序》之誤,五峰先生嘗言之,舊有一段辨此,後以非所急而去之,但看此與〈酒誥〉兩篇,只說文王而不及武王,又曰『朕其弟小子封』,又曰『乃寡兄勗』,則可見矣。」(《朱文公文集》,卷五七,頁 1033)
　　　　關於胡宏、朱子對於〈康誥〉的看法,《書集傳・康誥序》只舉出胡氏,蔡沈未明引師說,此當屬〈書集傳序〉稱「《集傳》本先生所命,故凡引用師說,不復識別」的情形。
〔註6〕 有關〈康誥〉的著成時代,據曾榮汾先生表示:「當仍以〈書序〉、《史記》所云為妥,乃周公平定三監之亂後,封康叔於衛,代成王告誡康叔而作。文中之『王』據鄭玄則為周公代攝自稱,『孟侯』據《孔傳》云則指康叔而言。文首四十八字亦非必為〈洛誥〉之錯簡。康叔於武王時當已受封於康,至此方改封於衛,宋儒謂其初封即於衛,顯然與史實牴牾矣。」詳見曾氏撰:《康誥研究》(臺北:臺灣學生書局,1981 年 9 月),頁 17~18。

記會注考證》，卷三七，頁 600），吳棫不以為然，以本篇為武王書，他說：

> 〈酒誥〉一書，本是兩書，以其皆為酒而誥，故誤合而為一。自「王若曰明大命于妹邦」以下，武王誥受故都之書也。自「王曰封我西土棐徂邦君」以下，武王誥康叔之書也。書之體，為一人而作，則首稱其人；為眾人而作，則首稱其眾；為一方而作，則首稱一方；為天下而作，則首稱天下。〈君奭〉《書》，首稱「君奭」；〈君陳〉《書》，首稱「君陳」：為一人而作也；〈甘誓〉，首稱「六事之人」；〈湯誓〉，首稱「格汝眾」：此為眾人而作也；〈湯誥〉，首稱「萬方有眾」；〈大誥〉，首稱「大誥多方」：此為天下而作也；〈多方〉《書》，為四國而作，則首稱四國；〈多士〉《書》，為多士而作，而首稱多士；今〈酒誥〉，為妹邦而作，故首言「明大命于妹邦」，其自為一書無疑。（《書集傳》，卷四，頁 48 引）

蔡《傳》據吳氏，定〈酒誥〉為武王誥康叔書，但於吳氏以為〈酒誥〉本分為二書的看法，則持保留的態度，他說：

> 吳氏分篇，引證固為明甚，但既謂專誥毖妹邦，不應有「乃穆考文王」之語。意〈酒誥〉專為妹邦而作，而妹邦在康叔封圻之內，則明大命之責，康叔實任之，故篇首專以「妹邦」為稱，至中篇始名「康叔」以致其誥。其曰「尚克用文王教」者，亦申言首章文王毖毖之意。其事則主於妹邦，其書則付之康叔。雖若二篇，而實為一書；雖若二事，而實相首尾。反復參究，蓋自為書之一體也。（卷四，頁 48）

關於以上的說法，有二點值得討論：

1. 蔡《傳》以武王封康叔於妹邦（即朝歌，紂故都，在今河南淇縣），〔註 7〕〈衛康叔世家〉稱周公伐祿父之亂，「以武庚殷餘民，封康叔為衛君，居河、淇間故商墟」（《史記會注考證》，卷三七，頁 600），據史遷，「妹邦」為武庚封地，周人取得妹邦復封康叔，當在周公東征管、蔡以後。

2. 〈大序〉錄《尚書》有「典、謨、訓、誥、誓、命」六體，《孔疏》增多「貢、歌、征、範」四體，所謂「《書》篇之名，因事而立，既無體例，隨便為文」。（《尚書注疏》，卷二，頁 1）林之奇復支持「六體」

〔註 7〕詳見屈翼鵬先生考定〈酒誥〉題解說明，請參見《尚書釋義》，頁 159。

說（《尚書全解》，卷二十，頁1）。〔註8〕蔡《傳》於「六體」外，增〈酒誥〉，稱「自爲《書》之一體」，惜蔡氏未有進一步的說明。

三、〈梓材〉

　　〈梓材〉，〈書序〉以爲「成王既伐管叔、蔡叔，以殷餘民封康叔，作〈康誥〉、〈酒誥〉、〈梓材〉」，〈三王世家〉、〈衛康叔世家〉也說康叔扞祿父（武庚）之難，周公以武庚餘民封康叔爲衛君，周公懼康叔年少，以治道告誡康王，教以謹敬，作〈梓材〉。（《史記會注考證》，卷三七，頁600；卷六○，頁839）蔡《傳》以本篇亦爲武王誥康叔書，謂〈梓材〉得於簡編斷爛之中，似雜出於〈洛誥〉、〈召誥〉、〈無逸〉文字；在「今王惟曰，先王既勤用明德，懷爲夾」以下，疑有他篇脫誤於此，蔡沈認爲〈梓材〉語脈不連的情形，「獨吳氏（應指吳棫）以爲誤簡者，爲得之」，他說：

> 此篇文多不類，自「今王惟曰」以下，若人臣進戒之辭。以《書》例推之，曰「今王惟曰」者，猶〈洛誥〉「今王即命曰」也；「肆王惟德用者」，猶〈召誥〉之「肆惟王其疾敬德，王其德之用」也；「已！若茲監」者，猶〈無逸〉「嗣王其監于茲」也；「惟王子子孫孫永保民」者，猶〈召誥〉「惟王受命，無疆惟休」也。反覆參考，與周公、召公進戒之言若出一口。意者：此篇得於簡編斷爛之中，文既不全而進戒爛簡有用「明德」之語，編《書》者以與「罔厲殺人」等意合；又武王之誥有曰「王曰監」云者，遂以爲文意相屬，編次其後，而不知前之所謂「王」者，指「先王」而言，非若今王之爲自稱也。後之所謂「監」者，乃「監視」之「監」，而非「啓監」之「監」也。其非命康叔之書，亦明矣。讀《書》者，優游涵泳，沈潛反覆，繹其文意，審其語脈，一篇之中，前則尊喻卑之辭，後則臣告君之語，蓋有不可得而強合者矣。（《書集傳》，卷四，頁54）

蔡沈論〈梓材〉脫簡的說法，多據吳棫而來。惟〈梓材〉「王啓監，厥亂爲民。曰：無胥戕，無胥虐，至于敬寡，至于屬婦，合由以容。王其效邦君、越御事，厥命曷以引養引恬？自古王若茲，監罔攸辟。惟曰：若稽田，既勤敷菑，惟其陳修，爲厥疆畎。若作室家，既勤垣墉，惟其塗墍茨。若作梓材，既勤

〔註8〕關於《尚書》文體，李振興先生有詳細的介紹，詳見李氏撰：〈尚書文體的商榷〉，《尚書學述》（臺北：東大出版公司，1994年5月），頁195～203。

樸斲，惟其塗丹艧。今王惟曰：先王既勤用明德，懷爲夾；庶邦享作，兄弟方來。亦既用明德，后式典集，庶邦丕享。皇天既付中國民越厥疆土于先王，肆王惟德用，和懌先後迷民，用懌先王受命。已！若茲監。惟曰：欲至于萬年惟王，子子孫孫永保民」，吳氏分〈梓材〉爲二截，他認爲「王啓監」以上，即上前半截，是臣告君之辭；下半截，稱「王曰」，又稱「汝」，是上告下之辭，不是〈梓材〉。〔註9〕吳澄《書纂言》引吳棫說：「王啓監以後，若洛邑初成、諸侯畢至之時，周公進戒之辭，曰『中國民』，亦謂徙居於洛，在天地之中也。其曰『若稽田』、『作室家』、『作梓材』，皆爲作洛而言，欲其克終也。」（卷四，頁60引）蔡《傳》也認爲〈梓材〉應分爲二截，但分法與吳棫不同，他以「今王惟曰」前爲上截，是武王誥康叔書；下截是簡爛斷編誤合爲一，爲周公、召公進戒成王之言。〔註10〕

第二節　對〈書序〉的態度

〈書序〉百篇，出自孔壁，計千餘字，總爲一卷，今存六十七篇。〔註11〕僞《古文尚書》始以〈序〉文附各本經之首，〈書大序〉說：

〔註9〕　朱子錄吳棫〈梓材〉說，茲舉例如下：
　　1.「吳才老辨〈梓材〉後半截不是〈梓材〉。緣其中多是勉君，乃臣告君之辭，未嘗如前一半稱『王曰』、又稱『汝』，爲上告下之辭，亦有此理。」（《書傳輯錄纂註》，卷四，頁69引）
　　2.「吳才老說〈梓材〉是〈洛誥〉中書，甚好。其他文字亦有錯亂，而移易得出人意表者，然無如才老，此樣處恰恰好。」（《朱子語類》，卷七九，《書傳輯錄纂註》作「黃卓錄」，頁55）
　　3.「吳才老考究得〈梓材〉只前面是告戒臣下，其下都稱「王」，恐別是一篇。不應王告臣下不稱『朕』、『子』而自稱『王』，斷簡殘編無從考正，只得於言語句讀中有不曉者闕之。」（《書傳輯錄纂註》，卷四，頁69引）
〔註10〕　關於〈梓材〉錯簡的情形，詳見程師元敏撰：〈尚書周誥梓材篇義證〉，《中國書目季刊》，第八卷第四期，頁49～58，1975年3月。
〔註11〕　據屈翼鵬先生的統計，〈小序〉雖號爲百篇，實僅存六十七篇。蓋六十七〈序〉中，同一篇題而分爲三篇者凡四，分爲四篇及分爲九篇者各一，合者共省十九〈序〉。不同之二篇而共一〈序〉者凡四，不同之三篇而共一〈序〉者一，合之共省六〈序〉。僅存篇目而缺〈序〉者凡八。三者總計，省〈序〉及缺〈序〉共三十有三：故實存〈序〉文六十七篇也。詳見屈氏撰：《尚書集釋》（臺北：聯經出版公司，1983年2月），頁287。
　　關於〈書序〉的篇次問題，詳見程師元敏撰：〈古文尚書之壁藏發現獻上及篇卷目次考〉，《孔孟學報》，第六十六期（1993年9月），頁92。

> 至魯共王好治宮室，壞孔子舊宅，以廣其居，於壁中得先人所藏古
> 文虞、夏、商、周之《書》，……此篇并〈序〉，凡五十九篇，爲四
> 十六卷。……〈書序〉，序所以爲作者之意，昭然義見，宜相附近，
> 故引之各冠其篇首。（《尚書注疏》，卷一，頁 12～16）

由於朱子疑〈書序〉的緣故，〔註12〕蔡沈也開始反〈書序〉，並守師法，總置
〈小序〉五十八篇經文之後，他反對〈書序〉的理由是：

> 漢劉歆曰：「孔子修《易》、序《書》。」班固曰：「孔子纂《書》，凡
> 百篇而爲之〈序〉，言其作意。」今攷〈序〉文，于見存之篇雖頗依
> 文立義，而識見淺陋，無所發明，其間至有與經相戾者。於已亡之
> 篇，則依阿簡略，尤無所補，其非孔子所作明甚。顧世代久遠，不
> 可復知，然孔安國雖云得之壁中，而亦未嘗以爲孔子所作，但謂「書
> 序」。序所以爲作者之意，與討論墳、典等語，隔越不屬，意亦可見。
> 今姑依安國壁書之舊，復合〈序〉爲一篇，以附卷末。（《書集傳》，
> 〈書後序〉案語，頁1）

又說：

> 至于諸〈序〉之文，或頗與經不合，……故今定此本，壹以諸篇本
> 文爲經，而復合〈序〉篇於後，使覽者得見聖經之舊。（《書集傳》，
> 〈大序〉案語，頁6～7）

據以上的話，可以得出三個要點：其一，在作者方面，蔡《傳》辨〈書序〉
非孔子作。其二，在內容方面，蔡沈論〈書序〉與經不合。其三，回歸原典，
才能得《書》的本義。關於蔡《傳》對〈書序〉的態度，討論如下：

一、〈序〉文非孔子筆法，辨〈書序〉非孔子作

（一）〈書序〉「啓與有扈戰于甘之野，作〈甘誓〉」，蔡沈說：

> 經曰「大戰於甘」者，甚有扈之辭也。序《書》者宜若《春秋》筆。
> 然《春秋》「桓王失政，與鄰戰於繻葛」，夫子猶書「王伐鄭」，不
> 曰「與」，不曰「戰」者，以存天下之防也。以啓之賢，征有扈之
> 無道，正禮樂征伐自天子出也。序《書》者，曰「與」、曰「戰」，
> 若敵國者何哉？孰謂〈書序〉爲夫子作乎？（《書集傳》，〈書後序〉

　　　　案語，頁 2）

蔡《傳》認爲依孔子《春秋》筆法，若要記載啓伐有扈的戰事，應該用「征」字，所謂「禮樂征伐自天子出」，不應如〈甘誓序〉記爲「啓與有扈戰于甘之野」，用「與」、用「戰」字，不合《春秋》筆法。蔡《傳》據此，疑〈書序〉非孔子作。

　　（二）〈書序〉「湯既勝夏，欲遷其社，不可，作〈夏社〉、〈疑至〉、〈臣扈〉」，《書集傳》說：

　　　程子曰：「聖人不容有妄舉，湯始欲遷社，眾議以爲不可而不遷，是湯有妄舉也。蓋不可者，湯不可之也。」唐孔氏以「於時有議論其事」者，詳〈序〉文以爲欲遷者，湯欲之也，恐未必如程子所言。要之，〈序〉非聖人之筆，自不足以知聖人也。（〈書後序〉案語，頁 2）

僞《孔傳》、《孔疏》據〈書序〉，稱「湯既伐而勝夏，革命創制，變置社稷，欲遷其社，無人可代句龍，故不可而止」（《尚書注疏》，卷八，頁 4），這是說成湯曾經有「遷社」的想法，只因無人可代替句龍（《左傳・昭公二十九年》，「共工氏有子曰句龍，爲后土，后土爲社」），而無法遷夏社。有關「成湯遷社」的問題，程子基於「聖人無妄舉」，認爲「成湯想要遷社，因眾議以爲不可而不遷」的說法，不符合聖人的形象。程子以爲「湯爲聖人，聖人不容有妄舉」，故〈書序〉稱「不可」，必另有一番解釋，應指得是「湯不可之也」，也就是說湯既滅夏，依禮當遷夏社，年年祭祀，以祈求豐年。但是，成湯欲使後人心存警戒，故只是建蔽房屋，使不受天陽，程子說：「屋之，則與遷之無以異。」（《二程集》，頁 36）〔註13〕蔡沈認爲程子的看法，未必有理，但是蔡《傳》也沒有回答「成湯遷社」的問題，只說孔子既未作〈書序〉，則無法由〈書序〉得聖人本心。

二、經文未詳，〈書序〉附會衍說

　　（一）〈書序〉「成湯既沒，太甲元年，伊尹作〈伊訓〉、〈肆命〉、〈徂后〉」，《書集傳》說：

　　　《孟子》曰：「湯崩，太丁未立，外丙二年，仲壬四年，太甲顛覆湯之典刑。」《史記》「太子太丁，未立而死，立太丁之弟外丙，二年

〔註13〕關於程子討論「湯欲遷社」的問題，詳見蔣秋華先生撰：《二程詩書義理求》（臺灣大學中文研究所博士論文，1991 年 7 月），頁 214～215。

崩;又立外丙之弟仲壬,四年崩;伊尹乃立太丁之子太甲。」序《書》者以經文首言「奉嗣王,祗見厥祖」,遂云「成湯既沒,太甲元年」,後世儒者以〈序〉爲孔子所作,不敢非之,反疑《孟子》所言與〈本紀〉所載,是可嘆已。……吳氏曰:太甲諒陰,爲服仲壬之喪,以是時湯葬已久,仲壬在殯。太甲,太丁之子,視仲壬爲叔父,爲之後者爲之子也。「祗見厥祖」,謂至湯之廟,蓋太甲既立,伊尹訓于湯廟,故稱「祗見厥祖」,若止是殯前,既不當稱「奉」,亦不當稱「祗見」也。(〈書後序〉案語,頁 3)

〈書序〉記湯崩,太甲繼位,僞《孔傳》說:「太甲,太丁子,湯孫也。太丁未立而卒,及湯沒而太甲立,稱元年。」《孔疏》也說:「『太甲,太丁子』,《世本》文也。此〈序〉以『太甲元年』繼『湯沒』之下,明是太丁未立而卒,太甲以孫繼祖,故湯沒而太甲代立。即以其年,稱爲元年也。」(《尚書注疏》,卷八,頁 12)蔡《傳》據《孟子》、〈周本紀〉記載的商王世系,[註14] 批評〈書序〉、僞《孔傳》、《孔疏》遺漏外丙、仲壬二帝。

(二)〈書序〉「召公爲保,周公爲師,相成王爲左右;召公不悅,周公作〈君奭〉」,《書集傳》說:

蘇氏曰:「舊說或謂召公疑周公,陋哉斯言也!」愚謂:〈序〉文意含糊,舊說之陋,有以啓之也。(〈書後序〉案語,頁 6)

〈君奭〉的作者及著述動機,說者紛紛,莫衷一是,大約有以下數種說法:[註15]

其一,召公不悅,周公作本篇,詳見〈書序〉。關於「召公不悅」的對象和原因,馬融認爲召不悅周,召公以周公致政成王後,不宜再留輔相之職(《史記會注考證》,卷三四,〈燕召公世家·集解〉,頁 580 引)。《孔疏》據鄭〈注〉,說周公曾攝王政,今復歸臣位,故不悅(《尚書注疏》,卷一六,頁 17)。

其二,周公攝政,召公疑周公,周公作本篇,詳見〈燕召公世家〉「成王既幼,周公攝政,當國踐祚,召公疑之,作〈君奭〉」(《史記會注

[註14] 關於商王世系,據王國維〈殷卜辭中所見先公先王續考〉,稱「大丁——外丙——中壬——太甲」,詳見王氏撰:《觀堂集林》(北京:中華書局,1991 年 11 月),卷九,頁 448。

[註15] 詳見程師元敏撰:〈尚書君奭篇義證〉,《國立編譯館館刊》,第五卷第一期,頁 218。

考證》，卷三四，頁 580）。蘇軾說：「舊說或謂召公疑周公，陋哉斯
言也！方周公攝政，管、蔡流言，周公晏然不自疑，當時大臣亦莫
之疑者，何獨召公也？今已復子明辟，召公復何疑乎？」〔註16〕

其三，成王親政，召公不悅成王不克負荷王政，詳見王安石說：「成王非
有過人之聰明，而出於文、武之後，人習至治之時，爲難繼，故
召公於其親政之始，有不悅也。」（《尚書全解》，卷三三，頁 5 引）

其四，程頤認爲〈君奭〉篇，「盡周公留召公之意」，詳見《二程集》，頁
227。朱子也說：「召公不悅，只是〈小序〉恁地說，裏面卻無此
意。這只是召公要去，後周公留他，說道：『朝廷不可無老臣。』」
（《朱子語類》，卷七九，楊義剛錄，頁 29）蔡沈據程、朱看法，
認爲本篇大意是成王親政後，召公以盛滿難居，欲告老求去，周
公留召公共輔成王之書。〔註17〕

其五，呂祖謙認爲周、召二公皆欲告歸，詳見《時瀾增修東萊書說》，卷
二六，頁 1。

三、〈序〉文與「理」不合

〈書序〉「伊尹相湯伐桀，升自陑，遂與桀戰于鳴條之野，作〈湯誓〉」，
蔡沈說：

〔註16〕蘇軾認爲本篇是周公留召公書，他說：「舊說或謂召公疑周公，陋哉斯言也！
方周公攝政，管、蔡流言，周公晏然不自疑，當時大臣亦莫之疑者，何獨召
公也？今已復子明辟，召公復何疑乎？然則何爲不悅也？功成身退，天之道
也。故伊尹既復政則告歸，而周公不歸，此召公所以不悅也。然則周公何以
不歸也？察成王之德，未可以舍而去也。周公齊百官以從王，而王之所用，
悉其私人受教於王者，此其德豈能離師輔而弗反也哉？故召公之不悅，爲周
公謀也，人臣之常道也；而周公之不歸，爲周謀也，宗臣之深憂也；召公豈
獨欲周公之歸哉？蓋亦欲復辟之初而退老於厥邑，特以周公未歸，故不敢也。
何以知之？此書非獨周公自言其當留，亦多留召公語，以此知召公欲去也。」
（《東坡書傳》，卷一五，頁 622）

〔註17〕蔡沈說：「召公告老而去，周公留之，史氏錄其告語爲篇，亦誥體也。以周公首
呼「君奭」，以「君奭」名篇。篇中語多未詳。《今史》、《古文》皆有。按：此
篇之作，《史記》謂『召公疑周公當國踐祚』。唐孔氏謂『召公以周公嘗攝王政，
今復在臣位』。葛氏謂『召公未免常人之情，以爵位先後介意，故周公作是篇以
諭之』。陋哉斯言，要皆爲〈序〉文所誤，獨蘇氏謂『召公之意欲周公告老而歸』
爲近之，然詳本篇旨意，迺召公自以盛滿難居，欲避權位，退老厥邑；周公反
復告諭以留之爾。熟復而詳味之，其義固可見也。」（《書集傳》，卷五，頁 25）

「陑」，在河曲之陽；「鳴條」，在安邑之西；「升自陑」，義未詳，漢孔氏遂以爲「出其不意」，亦〈序〉意有以啓其陋歟。(《書集傳》,〈書後序〉案語，頁2)

〈書序〉說成湯伐桀，僞《孔傳》、《孔疏》皆據〈書序〉，進一步解釋成湯以「出其不意」的戰術，奇襲夏桀，僞《孔傳》說：「桀都安邑，湯升道從陑，出其不意，陑在河曲之南。」(《尚書注疏》,卷八，頁1) 關於舊典範對「升自陑」的解釋，依宋人眼光看來，成湯伐桀，以臣子的身份討伐君王，已不符合聖人形象，至於「率眾奇襲」的作法，更不會是聖王所當爲，故蔡《傳》基於聖人居心正大，認爲〈湯誓〉篇，是「夏桀暴虐，湯往征之亳。眾憚於征役，故湯喻以弔伐之意，蓋師興之時，而誓於亳都」(卷三，頁1)。

四、〈書序〉未得經文本意

（一）〈書序〉「高宗夢得說，使百工營求諸野，得諸傅巖，作〈說命〉三篇」。《書集傳》說：

案：經文「乃審厥象，俾以形旁，求于天下」，是高宗夢得良弼形狀，乃審其狀貌而廣求於四方。說築傅巖之野，與形象肖似。如〈序〉所云似若高宗夢得傅說姓氏，又因經文有群臣百姓等語，遂謂使百官營求諸野，得諸傅巖。非惟無補經文，而反支離晦昧，豈聖人之筆哉？」(〈書後序〉案語，頁4)

蔡《傳》認爲經文只說武丁夢得良臣，並不知其姓名，故廣求天下，希望能找到與夢中形象相似的賢士。〈書序〉就經文有「求于天下」、「群臣百姓」語，便說武丁命百官營求傅說，蔡沈認爲這說法不合常理。但據一時夢寐，便取來做宰相，或者於理未安。

（二）〈書序〉「盤庚五遷，將治亳殷，民咨胥怨，作〈盤庚〉三篇」，蔡沈說：

以篇中有「不常厥邑，于今五邦」，〈序〉遂曰「盤庚五遷」，然今詳「于今五邦」之下，繼以「今不承于古，罔知天之斷命」，則是盤庚之前已自有五遷，而作〈序〉者攷之不詳，繆云耳也。又「五邦」云者，五國都也，經言「亳、囂、相、耿」，惟四邦爾。盤庚從湯居亳，不可又謂之一邦也。〈序〉與經文既已差繆，《史記》遂謂盤庚自有五遷，誤人甚矣。(《書集傳》,〈書後序〉案語，頁4)

蔡《傳》據經文「不常厥邑，于今五邦」、「今不承于古，罔知天之斷命」，認為盤庚不只五遷，〈書序〉的說法是不正確的。今據王國維〈說殷〉，稱〈書序〉「將治亳殷」，是「將始宅殷」之誤，（《觀堂集林》，卷一二，頁 523）證明蔡沈辨「五邦不得敷亳」、「亦不得數殷」看法可信。

第五章 《書集傳》在《尚書》發展史中的地位

　　關於宋代《尚書》學的發展，據成申之《四百家尚書集解》的書名看來，〔註1〕宋儒研究《尚書》學的風氣十分興盛。蔡沈研究《尚書》，有二個值得注意的觀點，使得他的《尚書》學成就能特出於宋人，且能建立一典範，這個典範建立在疑〈書序〉非孔子作，總置〈書序〉於五十八篇後，回歸原典，直求本義。蔡沈又提出「危微精一執中」十六字為二帝三王相傳心法，雖然蔡《傳》以「虞廷傳心」極有價值，不敢遽疑偽《古文尚書》，但於各篇題下注明《今文》、《古文》之有無，作為區別，日後有許多學者皆表同意或順著蔡沈的理路，進行對《尚書》的詮釋與思考，影響頗為深遠，本章節的討論重點，即在於後代學者對《書集傳》的關注，茲舉重要著作，討論如下。

第一節　宋、元、明儒對《書集傳》的態度

　　蔡沈以朱子《尚書》學傳人的背景，廣受學界注目，呂光洵〈書說序〉曾總論宋代《尚書》學發展的情形說：

> 宋諸儒治《尚書》者，言人人殊，蓋數十餘家，吳氏、王氏、呂氏、蘇氏最著，九峰蔡氏得紫陽朱子之學，作《集傳》，學者尤宗之。于是諸家言《尚書》者，不復行於世，好學之士，無所參互，以求自

〔註1〕《宋史·藝文志》著錄成申之《四百家集解》，計五十八卷（卷二○二，頁5044），董鼎《書傳輯錄纂註·纂註引用諸家姓氏》曾引用此書。朱彝尊曰：「《四百家尚書集解》，佚。」詳見《經義考》，卷八四，頁1引。

得，《書》益難言矣。(《古今圖書集成》，卷一一四，黃度《書說》，頁 612 引)

呂光洵，生卒年不詳，從他爲黃度（1138～1176，即寧宗嘉定六年卒）《書說》所作的〈序〉看來，《書集傳》撰成不久，已產生很大的影響。

《書集傳》雖然頗得到當時學者的重視，但是，宋儒對《書集傳》的評價，卻有許多不同的意見，前文曾論及朱子門人陳淳（1153～1217）對蔡《傳》似有微辭，他說：

蓋《書》之爲經，最爲切於人事日用之常，惜先師只解得三篇，不及全解，竟爲千古之恨。自先師去後，學者又多專用，蔡仲默、林子武皆有《書》解，聞皆各自爲一家。昨過建陽，亦見子武〈中庸解〉，以《書》相參爲說，中間分章有改易文公舊處。(《北溪先生大全文集》，卷二五，〈答郭子從〉，頁 3～4)

從陳淳的說法，可以得出二個要點，其一，他指出朱子只注解了〈堯典〉、〈舜典〉、〈大禹謨〉三篇經文，未竟而卒。其二，陳淳聽說蔡沈與林夔孫（字子武，朱子門人）的《尚書》著述，係「自成一家」。

陳淳以朱子高足的身分表示對蔡《傳》的看法，他似乎認爲蔡沈受學於朱子，自然應以朱子注《書》的詮釋方式爲典範（此典範稱爲「師法」或「家法」）。但是，這裏出現了一個問題，要求經生遵守經師所留傳下來的解經方式和規範，是兩漢章句之學的特色，[註2] 南宋中葉的儒者，視漢儒之學若土梗，陳淳是否批評蔡《傳》未能反映朱子師法，仍有待深入考辨。

朱子三傳弟子王柏（1197～1274）[註3] 對《書集傳》的態度，有褒有貶，

[註2] 據林師慶彰指出，傳習一經的始祖所建立的解經方式和規範，可以說是他的師法。師法是一個學派解經的指導原則，也是約束、規範這學派成員的一種法律，所以每一位經生都應遵守他們的師法。「師法」就是傳習一經的始祖所留傳下來的典範，一經往往只有一位始祖，所以「師法」一詞，大多出現在西漢，由一經始祖分出來的各家，在增飾師法的過程中，逐漸成爲一家之學，他們留下來的典範，就是「家法」，所以「家法」一詞多流行於東漢。由此可知，不論是師法或家法，都可以說是一種章句之學。就學術來說，章句之學因有師法和家法的傳承關係，形成了一種特殊的解經典範。關於「師法」與「家法」，詳見〈兩漢章句之學重探〉，《中國經學史論文選集》（臺北：文史哲出版社，1992 年 10 月），頁 293～294。

[註3] 王柏，字會之，一字仲會，或稱仲晦，初自號長嘯，浙江金華人。生於南宋寧宗慶元三年（1197）八月十九日，卒於南宋度宗咸淳十年（1274）七月九日，年七十八。所著書有《讀易記》十卷、《書疑》九卷、《禹貢圖說》一卷……

他說：

> 今九峰蔡氏祖述朱子之遺規，斟酌群言，而斷以義理，洗滌支離，
> 而一於簡潔。如《今文》、《古文》之當考，固已甚明矣；〈大序〉、〈小
> 序〉之可疑，今已甚詳矣。（據程師元敏，此處疑有闕文）帝王之詞
> 與史氏之詞，參錯乎其中，今亦可辨。有害理傷道者，又辭而闢之。
> 有考訂平易者，亦引而進之。如天文、地理之精覈，歲月先後之審
> 定，用工勤苦。久已成編，後學可謂大幸。然疑義闕文之難，朱子
> 曰「未詳」、曰「脫簡」者，故自若也。分章絕句之難，朱子不肯句
> 讀者，亦未能盡通也。（〈書疑序〉）

綜合王柏的意見，其一，他稱許蔡沈能夠稟受朱子遺規，在考訂僞《古文尚
書》、發揮義理方面，有很不錯的成績。其二，他批評《書集傳》在朱子指出
「疑義闕文」、「分章絕句」的地方，沒有更深入、仔細的分析。王柏弟子金
履祥（1232～1303）也說：

> 朱子傳註諸經略備，獨《書》未及。嘗別出〈小序〉，辨正疑誤，指
> 其要領，以授蔡氏，而爲《集傳》。諸說至此，有所折衷矣。而書成
> 於朱子既歿之後、門人語錄未萃之前，猶或不無遺漏放失之憾。（《尚
> 書表注・序》，頁 2）

金氏認爲蔡沈受朱子學，撰成《書集傳》，可以折衷前賢諸說，但是，他也遺
憾蔡《傳》成書（1209）於朱子逝世（1200 卒）十年之後、朱子門人編集語
錄五年以前（李道傳《池州刊朱子語錄》完成於西元 1215 年），他指出蔡《傳》
全書，既未經朱子作最後修訂，也來不及利用《語類》補足朱子遺說，就傳
承朱子《尚書》學而言，完整性頗有不足。

　　黃震（1213～1280），全祖望歸結黃震的治學路向，稱「專宗朱氏」（《宋
元學案》，卷八六，《東發學案》，第六冊，頁 394），黃氏對《書集傳》推崇備
至，視蔡《傳》可與日月同光，他說：

> 經解惟《書》最多，至蔡九峰參合諸儒要說，嘗經朱文公訂正，其
> 釋文義既視漢、唐爲精，其發指趣又視諸家爲的，《書經》至是而大
> 明，如揭日月矣。（《黃氏日鈔》，卷五，〈讀尚書〉，頁 44）

　　宋、元之際，學者對《書集傳》的評價有許多爭議，有學者如黃震，對

等。關於王柏的生平與著述，詳見程師元敏撰《王柏之生平與學術》，上冊，
頁 1～432。

《書集傳》贊許有加，也有張葆舒、黃景昌、程直方、余芑舒等儒者，群起對蔡《傳》作訂正、辨誤的工作。也許是元代官學采用《書集傳》作爲考試書的緣故，〔註4〕張葆舒等人的著作，因乏人問津而失傳了，〔註5〕《四庫全書總目》說：

> 蔡沈《書傳》雖源出朱子，而自用己意者多，當其初行，已多異論。
> 宋末元初，張葆舒作《尚書蔡傳訂誤》、黃景昌作《尚書蔡氏傳正誤》、
> 程直方作《蔡傳辨疑》、余芑舒（《書傳輯錄纂註·纂註引用諸家姓
> 氏》、《經義考》，卷八五，頁7，皆作「余芑舒」；《四庫全書總目》，
> 卷一二，經部，《書》類二，《書經傳說彙纂》提要，頁22，亦作「余
> 芑舒」）作《讀蔡傳疑》，遞相詰難。及元仁宗延祐二年，議復貢舉，
> 定《尚書》義用蔡氏，於是葆舒等之書，盡佚不傳。（卷一二，經部，
> 《書》類二，《書傳會選》提要，頁11）

據《經義考》、《四庫全書總目》著錄，稱元代相關蔡《傳》的《尚書》學著述，有金履祥《尚書注》、《尚書表注》、吳澄《書纂言》、陳櫟《書解折衷》、《蔡氏集傳纂疏》，陳大猷《東齋書傳會通》、《書集傳或問》，鄒季友《書傳音釋》、董鼎《書傳輯錄纂註》、王充耘《讀書管見》、王天與《尚書纂傳》、陳師凱《書蔡傳旁通》、朱祖義《尚書句解》、方傳《書蔡氏傳考》等書，茲

〔註4〕元代官學，科舉所用的經注是：
1. 《四書》主朱子《集注》。
2. 《易》主程子《易程傳》、朱子《易本義》。
3. 《書》主蔡沈《書集傳》及古注疏。
4. 《詩》主朱子《詩集傳》。
5. 《春秋》主《左氏傳》、《公羊傳》、《穀梁傳》及胡安國、張洽《傳》。
6. 《禮記》主古注疏。
詳見《元史》，卷八一，〈選舉志〉，頁2019。

〔註5〕關於張葆舒、黃景昌、程直方、余芑舒等學者的著述，朱彝尊說：
張葆舒，號虛緣，德興人，撰《書蔡傳訂誤》，佚。詳見《經義考》，卷八四，頁1。
黃景昌，字清遠，浦江人。從方鳳、吳思齊、謝翱游，通五經，自號田居子。撰《尚書蔡氏傳正誤》，佚。詳見《經義考》，卷八四，頁6。
程直方，字道大，新安人，撰《蔡傳辨疑》，一卷，未見。詳見《書傳輯錄纂註·纂註引用諸家姓氏》、《經義考》，卷八五，頁314。
余芑舒，字德新，號息齋，撰《讀書傳疑》，一卷，佚。
又有《書傳解》，佚。《姓譜》說：「德興余芑舒，潛心程、朱之學，著有《書傳解》。」詳見《書傳輯錄纂註·纂註引用諸家姓氏》、《經義考》，卷八五，頁7引。

舉重要者，討論如下：

吳澄（1249～1333），號伯清，學者稱草廬先生，撰有《書纂言》四卷。前文曾論及吳澄懷疑《書集傳》自〈洪範〉篇後，非蔡沈自著，他說：

> 朱子嘗欲作《書說》，弗果。門人嘗請斷《書》句，亦弗果。得非讀之有所疑，而為之不敢異耶？訂定蔡氏《書傳》，僅至「百官若帝之初」而止，他篇文義雖承師授，而《周書‧洪範》以後，浸覺疏脫。師說甚明而不用者有焉，豈著述未竟而人為增補與？抑草稿初成而未及修改與？〈金縢〉「弗辟」，鄭非孔是，昭昭也，既迷於自擇，而與朱子《詩傳》、《文集》不相同。然謂「鴟鴞取卵破巢比武庚之敗管、蔡及王室」，則又同於《詩傳》，而與上文「避居東都」之說自相反。一簡之內而前後牴牾如此，何哉？〈召〉、〈洛〉二誥，朱子之說具在，而《傳》不祖襲之，故切疑〈洪範〉以後，殆非蔡氏之手筆也。（《經義考》，卷八五，〈書傳輯錄纂註序〉，頁 7 引）

他認為朱子訂定《書集傳》，僅至〈大禹謨〉「若帝之初」，蔡沈在〈洪範〉篇後，有許多地方不用師說，而自用己意，如〈金縢〉「武王既喪，管叔及其群弟乃流言於國，曰：『公將不利於孺子。』周公乃告二公曰：『我之弗辟，我無以告我先王。』周公居東二年，則罪人斯得」，朱子說：「王室至親與諸侯連衡背叛，當國大臣豈有坐視不救之理？帥師征之，乃是正義，不待可與權者而後能也。若馬、鄭以為東行避謗，乃鄙生腐儒不達時務之說，可不辨而自明。」（《書傳輯錄纂註》，卷四，頁 42）《書集傳》則說：「居東，居國之東也。鄭氏謂避居東都，未知何據？孔氏以居東為東征，非也。方流言之起，成王未知罪人為誰？二年之後，王始知流言之為管、蔡。」（卷四，頁 31）朱子認為周公當國，值武庚、管、蔡合謀叛亂，周公權衡輕重，東征平亂，理所當然。蔡沈則認為「東征」的看法不正確，他將鄭玄「居東」注和偽《孔傳》作比較，雖然他不清楚鄭〈注〉語出何據？但是，蔡《傳》依然主張「居國之東」的說法較合理。

吳澄雖然批評《書集傳》在內容方面，有可議之處，但是，他認為蔡《傳》據朱子意，總置〈書序〉於五十八篇後的作法，頗值得參考。因此，吳澄仿《書集傳》作意，〈書纂言序〉稱「今澄所注，止以伏生二十八篇之經為正」，將〈書序〉、偽《古文尚書》皆總置經後，只注《今文》，於〈書序〉、偽《古文尚書》皆不解說。

陳櫟（1252～1334），字壽翁，學者稱定宇先生，有《書解折衷》、《蔡氏集傳纂疏》六卷。據《四庫全書總目》表示：「陳櫟初作《書傳折衷》，頗論蔡氏之失，迨法制既定，乃改作《纂疏》，發明蔡義，而《折衷》亦佚不傳。」（卷一二，經部，《書》類二，《書傳會選》提要，頁 11）關於《總目》的說法，討論如下：

《總目》指出陳櫟在元代未定科舉以前，撰有《書解折衷》，議論蔡《傳》的缺點，陳櫟〈書解折衷序〉也說：

> 蔡氏受朱子付託，惜親訂僅三篇。朱子說《書》，謂通其可通，毋強通其難通，而蔡氏於難通罕闕焉，宗師說者固多，異之者亦不少。予因訓子，遂掇朱子大旨及諸家之得《經》本意者，句釋於下。異同之說，低一字折衷之。《語錄》所載及他可採之說，與夫未盡之蘊，皆列於是。惟以正大明白為主，一毫穿鑿奇異，悉去之。（轉引《經義考》，卷八五，頁 4 引）

陳氏基於衛護朱子學的心態，他惋惜朱子訂正蔡《傳》，三篇而止，又不認同《書集傳》在經文疑義未詳的地方強加注解，他認為蔡沈不守師說，所以纂輯朱子《尚書》學的資料和諸家說法，撰成《書解折衷》，如陳櫟在〈書集傳纂疏凡例〉中指出，「一部《尚書》，朱子於『闕疑』，諄諄言之，今遇可疑處，姑略存舊說，然後明云當闕疑焉」。但是，陳氏在〈蔡氏集傳纂疏序〉中曾提到，他著成《書解折衷》的用意，在於「羽翼《蔡傳》」，由於陳氏對蔡《傳》頗有心得，又對《書集傳》進行纂輯諸家說法、疏通蔡《傳》的工作，因此寫成了《蔡氏集傳纂疏》，他說：

> 聖朝科舉興行，諸經、《四書》壹是以朱子為宗，《書》宗蔡《傳》，固亦宜然。櫟不揆晚學，三十年前，時科舉未興，嘗編《書解折衷》，將以羽翼蔡《傳》。亡友胡庭芳（一桂）見而許可之，又勉以即蔡《傳》而纂疏之，遂加博采精究，方克成編。（〈蔡氏集傳纂疏序〉）

陳氏書以《書集傳》作為底本，在蔡氏注文下，有「纂疏」來收錄宋、元人的相關說法，如〈堯典〉篇題，蔡《傳》下，收錄「呂氏（祖謙）曰」等。

鄒季友，字普昭，撰有《尚書音釋》。關於本書，北京圖書館收元刻《尚書音釋》一卷、明刊《尚書蔡傳音釋》六卷、清抄《尚書蔡傳音釋辨誤》六卷，書名雖參差不一，內容是一致的。鄒氏《尚書音釋》，主要是注明音讀、簡要解釋蔡《傳》的若干問題，如〈益稷〉「明庶以功，……誰不敬應」，《書

集傳》說：「明庶者，明其眾庶也。」《音釋》則說：「《朱子語類》云：『此試字之誤。』按：『《左傳》，趙襄引《夏書》『賦納以言，明試以功』，正作『試』字。『應』，去聲。」（卷二），《書傳會選》、《書集傳》四庫全書本，皆附鄒氏《音釋》於《書集傳》中。

　　董鼎，字季亨，鄱陽人，撰《書蔡氏傳輯錄纂註》六卷，著成於元武宗至大元年（1308）。〔註6〕關於董鼎的學術淵源，據董氏〈自序〉表示，董鼎族兄夢程，是朱子門人黃榦的弟子，董鼎從學夢程而私淑朱學。其子董真卿〈書傳輯錄纂註跋〉也說，「先君子克承家學，復私淑朱子」，故董氏以朱子再傳弟子自居，他的《書傳輯錄纂註》，以捍朱為主，他在〈凡例〉中提到：

> 是書以朱子為主，故凡《語錄》諸書應有與《書經》相關者，靡不蒐輯，倣輯略例名曰「輯錄」，附蔡《傳》之次；或有與蔡《傳》不合，及先後說目相同異處，亦不敢遺。庶幾可備參攷，甚異者則略之。

> 增纂諸家傳註，或推蔡氏所本，或發其所未盡，或補其所不及，大約以經文為序，訓詁居先，釋經義者次之，疏《傳》義及釋音又次之，己說處末名曰「纂註」，以附于「輯錄」之後。

董氏宗朱子，他從《朱子語類》及其他書籍中，蒐集朱子《尚書》學的相關資料，稱為「輯錄」，又有「纂註」，收錄各家說法，計一百四十四家（詳見《書傳輯錄纂註‧纂註引用諸家姓氏》），如〈堯典〉「肇十有二州」，董氏在蔡氏注解下，有「輯錄」一項，收有輔廣、何義剛錄朱子語二條，在「纂註」下，收有「孔子曰」、「唐孔氏曰」、「新安陳氏曰」、「龜山楊氏曰」、「劉氏曰」、「曾氏曰」、「王氏炎曰」、「呂氏曰」等八家說法（《書傳輯錄纂註》，卷一，頁19）。關於董氏在蔡《傳》注解下設有「輯錄」和「纂註」的作法，《四庫全書總目》指出：

> 然則鼎於《集傳》，蓋不免有所未愜，恐人以源出朱子為疑，故特引朱子之說，補其闕失。其舉《集傳》歸之朱子，猶曰以朱翼朱，則不以異蔡為嫌耳，非其考之不審也。（卷一二，經部，《書》類二，《書傳輯錄纂註》提要，頁6）

四庫館臣說明董鼎撰書的動機，在於擔心讀者無法確定《書集傳》與朱子《尚

〔註6〕據董氏〈自序〉，《書傳輯錄纂註》成書於元武宗至大元年（1308）其〈纂註引用諸家姓氏〉著錄「陳師凱《蔡傳旁通》」，但是，陳氏〈書蔡傳旁通序〉稱，其書著成於元英宗至治元年（1321），自然不可能成為董鼎援引的對象。

書》學的關係，因此輯錄朱子說法，使讀者明白《書集傳》的學術根源出自朱子。他在〈書傳輯錄纂註序〉中指出，《書集傳》既經朱子親訂，猶如朱子自著，可見董書是肯定蔡《傳》的。

陳師凱，字叔牙，生卒年不詳，撰有《書蔡氏傳旁通》六卷（書名據元至正五年余氏勤有堂刊本），他摘錄蔡《傳》的某些字句加以解釋，如《書集傳》「九族，高祖至玄孫之親」，陳書說：「此本安國及馬氏、鄭氏說。高祖一，曾祖二，祖父三，父四，己五，子六，孫七，曾孫八，玄孫九。」（卷一，頁6）關於陳氏的成書動機，《四庫全書總目》表示：

> 此書成於至治辛酉，以鄱陽董鼎《尚書輯錄纂注》本以羽翼蔡《傳》，然多採先儒問答，斷以己意，大抵辨論義理，而於天文、地理、律曆、禮樂、兵刑、龜策、〈河圖〉、〈洛書〉、道德、性命、官職、封建之屬，皆在所略。遇傳文片言之賾（〈書蔡氏傳旁通序〉，作「嘖」）、隻字之隱，讀者不免囁嚅齟齬，因作是篇。於名物度數，蔡《傳》所稱引而未詳者，一一博引繁稱，析其端委。其蔡《傳》歧誤之處，則不復糾正。蓋如孔穎達諸經《正義》，主於發揮注文，不主於攻駁注文也。然不能以回護注文之故，廢孔氏之疏，則亦不能以回護蔡《傳》之故，廢師凱之書矣。知其有所遷就，而節取所長，可也。（卷一二，經部，《書》類二，《書蔡傳旁通》提要，頁8）

據陳氏〈自序〉，《旁通》成書於元英宗至治元年（1321），以董氏書主要是宣揚朱子學，重視義理，但在天紀、史事、名物等方面，未作解釋，使讀者對《書集傳》的內容仍不明白，故於「蔡《傳》所稱引而未詳者，一一博引繁稱，析其端委。其蔡《傳》歧誤之處，則不復糾正」，也就是說《書蔡傳旁通》以「疏不破注」的態度，在《書集傳》稱引未詳的地方，皆仔細解釋。

明代經學的發展，大抵是朱學的附庸，[註7] 在《尚書》學方面，相關蔡《傳》的著述不少，如劉三吾等撰《書傳會選》、朱右《書集傳發揮》、胡廣

〔註7〕明代官學，科舉所用的經注是：

《四書》主朱子《集注》。

《易》主程子《易程傳》、朱子《易本義》。

《書》主蔡沈《書集傳》及古注疏。

《詩》主朱子《詩集傳》。

《春秋》主《左氏傳》、《公羊傳》、《穀梁傳》及胡安國、張洽《傳》。

《禮記》主古注疏。

詳見《明史》，卷七○，〈選舉志〉，頁1694。

等撰《書傳大全》、朱升《書傳補正輯注》、梁寅《書纂義》、馬明衡《尚書疑義》、王樵《尚書日記》、袁仁《尚書砭蔡編》、陳泰交《尚書注考》、梅鷟《尚書考異》等書，茲舉重要者，申述如下：

　　據史書記載，明太祖曾與群臣討論天紀、星辰的問題，他批評《書集傳》有關「天與日月皆左旋」的見解不正確，因此撰寫了〈七曜天體循環論〉來指正蔡《傳》的錯誤，他說：

> 蓋謂朕自起兵以來，與知天文、精曆數者，晝夜仰觀俯察，二十有
> 三年矣。知天體左旋，日月五星右旋，非此一日之辯，辯非尋常之
> 機。所以非尋常之機者何？因與群雄並驅，欲明休咎，特用心焉，
> 故知日月五星右旋之必然也。（《全明文》，第一冊，頁148）

朱元璋為了爭奪天下，故特別重視天文變化，他以實際觀察天象的經驗，指責蔡沈不明天文，又評論蔡沈，不過是「惟能文而已」。太祖認為蔡《傳》，「見其〈序〉文理條暢，於內之說，皆諸書古先哲人之見話，於蔡氏自新之言頗少。然非聰明不能若此而類成，獨蔡氏能之，可謂當時過庸愚者，故作聰明以註《書》，及觀《書》註語，纏矣」（《全明文》，第一冊，頁 148），也就是說，朱氏認為蔡沈〈書集傳序〉寫得條理明暢，至於內容，不過是援引眾家經說，很少有個人意見，而且注解夾纏。

　　明洪武二十七年（1394）四月，太祖夜觀天象，稱「自洪武初，有黑氣凝於奎璧，乃文章之府，朕甚異焉。今年春暮，其間黑氣始消，文運興矣。爾等宜考古正今，有所述作，以稱朕意」，〔註8〕乃命劉三吾董其事，詔令唐

〔註8〕 《明實錄》說：「洪武十年三月，上與群臣論天與日月五興之行，翰林應奉傅藻、典籍黃麟、考功監臣郭傳，皆以蔡氏左旋之說為對。上曰：『天左旋，日月五星皆右旋。二十八宿，經也，附天體而不動。日月五星，緯乎天者也。朕自起兵以來，與善推步者，仰觀天象，二十有三年矣。嘗於天氣清爽之夜，指一宿為主，太陰居是宿之西，相去丈許，盡一夜則太陰漸過而東矣。由此觀之，則是右旋，曆家亦嘗論之。蔡氏謂為左旋，此則儒家之說，爾等不晰而論之，豈所論格物致知之學乎？』二十七年四月丙戌，詔徵儒臣定正宋儒蔡氏《書傳》。上觀蔡氏《書傳》日月五星運行與朱子《詩傳》不同，及其他注說與鄱陽鄒季友所論間有未安者，遂詔徵天下儒臣定正之，於是太子少保唐鐸等，舉翰林編修致仕張美和、國子監博士致仕錢宰、助教致仕靳觀、教授高讓、學正王子謙、教諭張士諤、俞友仁、何原銘、傅子裕、周惟善、訓導唐棐、周寬、趙信、洪初、萬鈞、王賓、謝子方、吳子恭、博士解震、熊釗、揭軌、蕭尚仁、蕭尚、王允升、張文翰、張思哲、宋麟，並遣行人馳傳徵之。九月己酉正，蔡氏《書傳》成，初詔國子博士錢宰等至，上語以正

鐸、張美和、錢宰等四十多位學者，〔註9〕希望群臣訂正一部「能稱朕意」的
《書集傳》，他們花了五個月的時間，就完成《書傳會選》六卷，劉三吾〈書
傳會選序〉說：

> 至宋九峰蔡氏，本其師朱子之命，作爲《集傳》，發明殆盡矣。然其
> 書成於朱子既歿之後，有不能無可議者，如〈堯典〉天與日月皆左
> 旋，〈洪範〉相協厥居爲天之陰騭下民，有未當者，宜考正其説，開
> 示方來。臣三吾備員翰林，屢嘗以其説上聞，皇上允請，乃召天下
> 儒士，倣石渠、虎觀故事，與臣等同校定之。凡蔡氏之得者存之，
> 失者正之，旁采諸家之説，足其所未備。書成，賜名曰《書傳會選》。

劉氏說明編集《會選》的動機，是因爲《書集傳》義有未當，如〈洪範〉「惟
天陰騭下民，相協厥居」，蔡沈視安定黎民百姓爲上天的責任（《書集傳》，卷

定《書傳》之意，且曰：『爾等知天象乎？』皆對以不知。上曰：『朕每觀天
象，自洪武初，有黑氣凝於奎璧，乃文章之府，朕甚異焉。今年春暮，其間
黑氣始消，文運興矣。爾等宜考古正今，有所述作，以稱朕意。』乃命翰林
院學士劉三吾董其事，開局翰林院，正定是書。時禮遇諸儒甚厚，各賜以綺
繒衣被等物，又御製詩，命次韻和之……復遣禮部尚書任亨泰喻旨諸儒，有
年老願歸者，先遣之，眾皆願留，至是書成，凡蔡氏《集傳》，得者存之，失
者正之，又集諸家之説，足其未備。三吾等率諸儒上進，賜名曰《書傳會選》，
命禮部頒行天下。」（《經義考》，卷八七，頁1引）

〔註9〕《書傳會選‧凡例》錄纂修人員如下：翰林學士劉三吾、國子祭酒胡季安、
左春坊左贊善門克新、右春坊右贊善王俊華、翰林致仕編修張美和、國子致
仕博士錢宰、翰林修撰許觀、張信、翰林編修馬京、盧元質、齊麟、張顯宗、
景清、戴德彝、國子助教高耀、王英、定公靜、教授高讓、學正王子謙、教
諭張仕諤、何原銘、傅子裕、周惟善、俞友仁、訓導趙信、謝子方、周寬、
洪初、王廷賓、萬鈞、唐棐、儒士熊釗、蕭尚仁、揭軌、靳權、張文翰、王
允升、張師哲、蕭子尚、解震。
朱彝尊按：「《書傳會選》載纂修諸人，無靳觀、吳子恭、宋麟，而有國子祭
酒胡季安、左春坊左贊善門克新、右春坊右贊善王俊華、翰林修撰許觀、張
信、編修馬京、盧元質、齊麟、張顯宗、景清、戴德彝、國子助教高耀、王
英、定公靜、儒士靳權，凡一十五人。蓋永樂中脩《實錄》，以許觀、景清等
皆坐逆黨，因連類而刪去之也。」（《經義考》，卷八七，頁1～2）
《四庫全書總目》說：「惟《實錄》所載纂修諸臣姓名，與此本卷首所列不符。
朱彝尊《經義考》謂許觀、景清、盧原質、戴德彝等，皆以死建文之難刪去，
其説是已。然胡季安、門克新、王俊華等十一人，何以併刪？且靳觀、吳子
恭、宋麟三人，此書所不載，又何以增入？蓋永樂中重脩《太祖實錄》，其意
主於誣惠宗君臣以罪，明靖難之非得已耳。其餘草草，非所注意，故舛謬百
出，不足爲據。此書爲當時舊本，當以所列姓名爲定，可也。」（卷一二，經
部，《書》類二，《書傳會選》提要，頁13）

四，頁 17），朱氏君臣則采用王肅注，稱「陰騭下民」一句爲天事，「相協」以下爲民事（《書傳會選》，卷四，頁 20），如此一來，上天與君王各有職事，表示君王承天順民。

　　明永樂十二年（1414）十一月，成祖命胡廣、楊榮、金幼孜等四十八人，〔註10〕修纂《五經》、《四書大全》，至十三年（1415）九月完成。〔註11〕《書集大全》以《書集傳》爲底本，在蔡《傳》注解下，收錄宋、元學者的說法，就《書傳大全》的體例看來，與陳櫟《蔡氏集傳纂疏》最接近。就取材來源而言，據陳恆嵩先生將《書傳大全》和《書傳輯錄纂註》、《蔡氏集傳纂疏》二書逐句比對，結果發現《書傳大全》援引董氏書最多，計佔全書比例的百分之六十六點二，而抄襲自陳櫟書上的僅佔全書的百分之九點六，合抄二家之書者佔百分之二十一點五，《大全》本身補引疏文者佔百分之二點七。〔註12〕從上述數據看來，《書傳大全》以整理宋、元經說爲主，較少收錄古注疏，顧炎武說：

〔註10〕據陳恆嵩先生指出，參與修纂《五經大全》諸臣有：翰林院學士兼左春坊大
　　　　學士奉政大夫胡廣、奉政大夫右春坊右庶子兼翰林院侍講楊榮、奉直大夫右
　　　　春坊右諭德兼翰林院侍講金幼孜、翰林院脩撰承務郎蕭時中、翰林院脩撰承
　　　　務郎陳循、翰林院編修文林郎周述、翰林院編脩文林郎陳全、翰林院編脩文
　　　　林郎林誌、翰林院編修承事郎李貞、翰林院編修承事郎陳景著、翰林院檢討
　　　　從仕郎余學夔、翰林院檢討從仕郎劉永清、翰林院檢討從仕郎黃壽生、翰林
　　　　院檢討從仕郎陳用、翰林院檢討從仕郎陳璲、翰林院五經博士迪功郎王進、
　　　　翰林院典籍脩職佐郎黃約仲、翰林院庶吉士涂順、奉議大夫禮部郎中王羽、
　　　　奉議大夫兵部郎中童謨、奉訓大夫禮部員外郎吳福、奉直大夫北京行部員外
　　　　郎吳嘉靜、承直郎禮部主事黃裳、承德郎形部主事段民、承直郎刑部主事洪
　　　　順、承直郎刑部主事沈升、承德郎刑部主事章敞、承德郎刑部主事楊勉、承
　　　　德郎刑部主事周忱、承德部刑部主事吾紳、文林郎廣東道監察御史陳道潛、
　　　　承事郎大理寺評事王選、文林郎太常寺博士黃福、脩職郎太醫院御醫趙友同、
　　　　迪功佐郎北京國子監博士王復原、泉州府儒學教授曾振、常州府儒學教授廖
　　　　思敬、蘄州儒學學正傅舟、濟陽縣儒學教諭杜觀、善化縣儒學教諭顏敬守、
　　　　常州府儒學訓導彭子斐、鎮江府儒學訓導留季安、劉三吾、王暹、宋琰、陳
　　　　敬宗、許敬軒、吳餘慶、陳濟等四十八人。詳見陳恆嵩先生撰：《〈五經大全〉
　　　　纂修人考述》，《經學研究論叢》，第三輯，頁3～21。
〔註11〕《明實錄》說：「《五經、四書大全》及《性理大全》書成。先是上命翰林院
　　　　學士兼左春坊大學士胡廣等編類是書，既成，廣等以稿進。上覽而嘉之，賜
　　　　名《五經、四書、性理大全》，親製序於卷首，至是繕寫成帙，計二百二十九
　　　　卷。廣等上表進，上御奉天殿受之，命禮部刊賜天下。」（卷一六八，頁2）
〔註12〕詳見陳恆嵩先生撰：《〈書傳大全〉取材來源探究》，《明代經學國際研討會論文》
　　　　（臺北：中央研究院中國文哲研究所籌備處，1995 年 12 月 22、23 日），頁 19。

至永樂中修《尚書大全》，不惟刪棄異說。並《音釋》亦不存矣。愚
嘗謂自宋之末造，以至有明之初年，經術人材于斯爲盛。自八股行
而古學棄，《大全》出而經說亡。（《日知錄》，卷一八，《書傳會選》
條，頁 651～652）

顧氏認爲《大全》完成之後，成爲科舉用書，而明代科舉以八股取士，經學
與八股合流，使明代經學由盛而衰。值得注意的是，《大全》雖使舉子與舊注
疏較爲隔絕，明中葉以後仍有一批學者，如楊愼、梅鷟、陳第、方以智等人，
承漢學傳統而來，以考證的方法研究經書，〔註13〕他們的經學成就不再以宋
學爲主，對朱學也頗有批評，今舉梅鷟《尚書》學爲例，討論如下：

梅鷟，字鳴歧，撰《尚書譜》、《尚書考異》二書。關於梅氏撰寫《尚書
譜》的動機，據〈尚書譜序〉說：

朱子曰：「《古文》東晉時方出，前此諸儒皆未之見。」豈不痛切而
明快哉？……無而爲有，將以誰欺？安國不言，《史記》不載，……
使聖人正經反附僞書以行世。隋、唐以來千餘年，出吳先生《纂言》
之外，曾無一人爲聖經之忠臣義士者，豈不痛哉！予在嚴陵時，已
作此《譜》，草創未備，今加修飾，使《古文》廢興之由，先後義僞
之辨，如指諸掌，庶幾禆《纂言》之所未備，以承吳先生之志，盡
復聖經之舊云。

梅氏指出著書的目的，在於「復聖經之舊」，使僞書不再因奴正經。他辨明蔡
《傳》十分重視的「人心惟危，道心惟微；惟精惟一，允執厥中」，是晉人取
《論語·堯曰》「允執厥中」一句、《荀子·解蔽》「人心之危，道心之微」二
句，再僞造「惟精惟一」一句，湊成宋儒以爲是聖門眞傳的十六字心法。（《尚
書考異》，卷二，頁 21～28）

梅氏在〈尚書譜序〉中，批評晉人篡亂聖經，但是他更不滿意《書集傳》
視〈小序〉非孔子作，而將僞〈泰誓〉計入正經中，如〈書大序〉稱「伏生
又以〈舜典〉合於〈堯典〉，以〈益稷〉合於〈皋陶謨〉，〈盤庚〉三篇合爲一，
〈康王之誥〉合於〈顧命〉，復出此篇并〈序〉，凡五十九篇，爲四十六卷」，
〔註14〕梅鷟說，「此一句見晉人識見，猶高於蔡沈」（卷一，頁 18～19），可見

〔註13〕詳見林師慶彰撰：〈晚明經學的復興運動〉，《明代經學研究論集》（臺北：文
史哲出版社，1994 年 5 月），頁 79～80。
〔註14〕據程師元敏指出，孔壁《古文尚書》及後增入河內僞〈泰誓〉：無〈書序〉；

梅氏輕視蔡《傳》的態度。

第二節　清儒對《書集傳》的評議

據《經義考》、《四庫全書總目》、《續修四庫全書總目提要》的著錄，清代學者討論蔡《傳》的不少，如庫勒納等編《日講書經解義》、王夫之《尚書稗疏》、閻若璩《尚書古文疏證》、朱鶴齡《尚書埤傳》、孫奇逢《尚書近指》、王頊齡等編《欽定書經傳說彙纂》、孫承澤《尚書集解》、張沐《書經疏略》、徐世沐《尚書惜陰錄》、冉覲祖《書經詳說》、李光地《尚書解義》、劉懷志《尚書口義》、金相玉《書經說約》、倪景葡《尚書彙纂集要》、高又光《尚書遵》、徐志遴《尚書舉隅》、吳蓮《尚書注解纂要》、張氏《書經旁訓音義》、錢在培《尚書離句》、汪紱《尚書詮義》、楊方達《尚書約指》、郭兆奎《心園書經知新》、趙佑《尚書異讀考》、黃淦《書經精義》、黃轅《尚書經解雕玉》、陸錫璞《書經精義彙鈔》、劉沅《書經恒解》、方宗誠《詩書集傳補義》、戴鈞衡《書傳補商》，丁晏《書傳附釋》，左眉《蔡傳正訛》、陸奎勳《今文尚書說》、姜兆錫《書經蔡傳參議》、孫家鼐等《欽定書經圖說》、吳汝綸《尚書讀本》等，今舉重要者，〔註15〕討論如下：

清代官學的發展，以朱學為主，〔註16〕在《尚書》學方面，清帝欽定三部著作，如庫勒納等編《日講書經解義》十三卷、王頊齡等編《欽定書經傳說彙纂》二十四卷、孫家鼐《欽定書經圖說》五十卷，多據蔡《傳》為底本，對《書集傳》進行修正、補訂的工作。

清康熙十九年（1680）四月，聖祖命庫勒納等儒臣，「取漢、宋以來諸家之說，薈萃折衷」，著成御用《尚書》講義十三卷，逐日進講。關於撰寫本書

同於伏生二十九篇目，但其中〈盤庚〉作三篇，多二篇；加河內僞〈泰誓〉一目三篇，又加多於伏生本二十四篇（〈九共〉九篇），凡五十八篇（去建武亡〈武成〉一篇，為五十七篇）。詳見程師撰：〈古文尚書之壁藏發現獻上及篇卷目次考〉，《孔孟學報》，第六十六期，頁97。

〔註15〕關於清儒對蔡《傳》的研究，可參見古國順先生撰：《清代尚書學》（臺北：文史哲出版社，1981年7月），頁17。

〔註16〕《清史稿‧選舉志》卷一○九說：「順治二年頒科場條例：首場，《四書》三題，《五經》各四題，士子各占一經。《四書》主朱子《集註》、《易》主程《傳》、朱子《本義》、《書》主蔡《傳》、《詩》用朱子《集傳》、《春秋》主胡安國《傳》、《禮》用陳澔《集說》。其後《春秋》不用胡《傳》，以《左傳》本事為文。」

的原則，據《四庫全書總目》表示，以「敷陳政典，闡發心源，不瑣瑣於名物訓詁」（卷一二，經部，《書》類二，《日講書經解義》提要，頁 22）爲主，聖祖〈日講書經解義序〉說：

> 蓋治天下之法，見於虞、夏、商、周之《書》，其詳且密如此，宜其克享天心而致時雍、太和之效也，所以然者，蓋有心法以爲治法之本焉，所謂「敬」也、「誠」也、「中」也。……朕萬幾餘暇，讀四代之《書》，惕若恐懼，爰命儒臣取漢、宋以來諸家之說，薈萃折衷，著爲〈講義〉一十三卷，逐日進講。茲特加鋟梓，頒示臣民，俾知仰法前代聖王，志勤道遠……康熙十九年四月十二日。

據〈講義序〉，可見聖祖指示儒臣撰寫《講義》的原則，不在「折衷漢、宋諸說」，而是以「帝王心法」爲綱要，使臣民咸知「仰法前代聖王，志勤道遠」，才是《講義》的重點。本書以蔡《傳》爲底本，在各篇題下，皆解說大義，但不收〈書序〉。至於各段字、句解釋，只講「唐、虞、三代帝王治法」，不以尋章摘句爲原則。

康熙六十一年（1722），聖祖再命儒臣王頊齡等，撰寫《書經傳說彙纂》，本書著成於雍正八年（1730）仲春，據世宗〈序〉，稱此書經聖祖指授儒臣，「薈萃漢、唐、宋、元、明諸家之說，參考折中，親加正定，廣大悉備，於地理山川，援今據古，靡不精核」，《四庫全書總目》說：

> 是編雖仍以蔡《傳》居前，眾說列後，而參稽得失，辨別瑕瑜，於其可從者，發明證佐，不似袁仁等之有意抨彈；於其不可從者，辨訂訛舛，亦不似陳櫟等之違心回護；其義可兩通者，皆別爲『附錄』，以明不專主一家。蓋即一訓詁之學，而聖人執兩用中之道，大公至正之心，悉可以仰窺焉，又不僅爲說《書》之準繩已也。（卷一二，經部，《書》類二，《書經傳說彙纂》提要，頁 22）

《總目》指出，本書的旨趣，仍在於宣揚典章心法，惟此書以蔡《傳》爲主，另收錄諸家說法，類似資料彙編的性質，據古國順先生指出，《彙纂》收錄秦、漢以來二百七十餘家說法，主蔡《傳》而有所補訂。

《書集傳》用〈大禹謨〉「人心惟危，道心惟微；惟精惟一，允執厥中」四句，作爲統一解釋所有篇章的中心理念，由於元、明、清三朝用朱學開科取士，蔡《傳》中「人心、道心」的解釋，也隨之深入人心，朱鶴齡（1606～1683）〈尚書埤傳序〉說：

蓋《尚書》者，帝王之心法，治法所總而萃也。後世大典章、大政事、儒者朝堂集議所引《尚書》之文爲斷，義解一訛，貽害非眇。……馬融、鄭玄、王肅之徒，開闢草萊，甚爲簡略；《古文》、《孔傳》晚出，《書》義稍顯；孔穎達爲之疏，雖正二劉之失，未愜學者之心；求其條貫群言，闡明奧旨，信無逾於仲默《集傳》者，但其意主於撥棄注疏，故名物制度之屬，不能無訛。筆力視紫陽《易》、《詩》二傳，亦多不逮，識者不能無憾焉。考明初令甲，本宗《注疏》，蔡《傳》附之，後又以蔡《傳》未精，命儒臣劉三吾等博採諸說，參互考訂，名《書傳會選》，選頒諸學官。其後《大全》行而此書遂廢，又其後，科舉專取蔡氏而《大全》亦置高閣……余竊用慨嘆，此《埤傳》之所由作也。……余之纂是書也，主詁義而兼及史家，臚群疑而斷以臆說，務爲通今適用之學。

朱氏字長孺，號愚庵，明諸生，入清後潛心著述，撰有《尚書埤傳》、《禹貢長箋》等書。據〈尚書埤傳序〉，可知《埤傳》以蔡《傳》所說的「二帝三王心法」爲注《書》原則。但是，他批評蔡《傳》在解釋名物、制度方面，頗有不足，所以他要寫部「主詁義」的《埤傳》，來補訂蔡《傳》的不足。

　　前文曾經論及，關於宋、元、明學者對《書集傳》的評議，或是指責蔡《傳》不守師法，或是認爲蔡《傳》不明天文、不識地理，或是批評蔡《傳》對於名物訓詁，頗有不足……但是，只有梅鷟在《尚書譜》、《考異》中，敢於從文獻中提出證據，考辨「十六字心傳」，是晉人雜取《論語》、《荀子》而成（《尚書考異》，卷二，頁21～28）。惜梅書流傳不廣，無法讓學界早日辨明僞《古文尚書》，使蔡《傳》以揭示聖王治國心法的姿態，在清初《尚書》學史中，受到許多學者的重視。但自閻氏撰成《尚書古文疏證》後，蔡《傳》聲望大不如前。

　　閻若璩字百詩，山西太原人。他二十歲讀《尚書》至《古文》二十五篇，「即疑其僞，沈潛三十餘年，乃盡得其癥結所在」（《潛研堂文集》，卷三八，頁673），《四庫全書總目》說：

《古文尚書》較《今文》多十六篇，晉、魏以來，絕無師說。故《左氏》所引，杜預皆注曰「逸書」。東晉之初，其書始出，乃增多二十五篇。初猶與《今文》并立，自陸德明據以作《釋文》，孔穎達據以作《正義》，遂與伏生二十九篇混合爲一。唐以來雖疑經、惑古如劉

知幾之流，亦以《尚書》一家列之《史通》，未言《古文》之僞。自吳棫始有異議，朱子亦稍稍疑之，吳澄諸人本朱子之說，相繼抉摘，其僞益彰，然亦未能條分縷析抉其罅漏。明梅鷟始參考諸書，證其剽剟，而見聞較狹，蒐采未周。至若璩乃引經據古，一一陳其矛盾之故，《古文》之僞乃大明。所列一百二十八條，毛奇齡作《古文尚書冤詞》，百計相軋，終不能以強辭奪正理，則有據之言先立於不可敗也。（經部，《書》類二，《古文尚書疏證》提要，頁25）

《總目》指出，閻若璩以「引經據古，一一陳其矛盾」的方法，使僞《古文尚書》之僞定讞，其後雖有衛護《古文》的學者，皆不能與之抗衡。

有趣的是，閻氏說明撰寫此書的靈感，「不過從朱子引而伸之，觸類而長之耳」（《尚書古文疏證》，卷首，閻詠〈尚書古文疏證序〉，頁7），但是，他在《疏證》第三十一條，〈言人心惟危，道心惟微純出《荀子》所引道經〉、第三十三條，〈言大禹謨句句有本〉，卻打破了朱學的防線。另外，他又在第八十二條，〈以曆法推〈堯典〉，蔡《傳》猶未精〉、第九十三條，〈言蔡《傳》灉、沮二水解不屬兗州〉、第九十四條，〈蔡《傳》不諳本朝輿地〉，批評蔡《傳》在解釋地理、名物方面的錯誤。

《書集傳》曾擔任了元、明、清三朝「《尚書》教科書」的任務，元代經學是宋代經學的延續，明初經學也是朱學的附庸，這裏想要了解的是，在漢學抬頭的乾嘉時代，[註17]《書集傳》對乾嘉《尚書》學的發展，有什麼樣的影響？清中葉九十年間，乾嘉學者藉考證經書中的文字音義、典章制度，來直探經書本義，他們鄙視宋學，也是想當然的事，江藩說：

（宋儒）凡事皆決於理，理有不合，即舍古訓，而妄出以己意。（《經解入門》，卷三，〈漢宋門戶異同第十五〉，頁73～74）

晚清，皮錫瑞也說：

宋儒不信古人，好矜創獲，獻疑《孔傳》，實為首庸。惟宋儒但知《孔傳》之可疑，而不知古義之可信，又專持一「理」字，臆斷唐、虞、三代之事，凡古事與其「理」合者，即以為是；與其「理」不合者，

〔註17〕 此處所謂「乾嘉學術」，指的是清中葉的九十年間，藉考證經書中之文字音義、典章制度，來直探經書本義。由於這一時段學者的研究方法，是從考證入手，所以有「考證學派」之稱；又因他們標榜「漢學」，被稱為「清代漢學」。詳見林師慶彰：〈乾嘉學術研究論著目錄序〉（臺北：中央研究院文哲研究所籌備處，1995年5月），頁3。

即以爲非。蔡沈、王柏、金履祥之説盛行，編《書》者至改古事以
從之。(《經學通論》，〈尚書義凡三變，學者各有所據，皆不知專主
伏生〉，頁71）

綜合二家意見，可見清中葉以後學者，不滿《書集傳》及其他宋學著作，「不
知古義，以理解經」。清人雖批評蔡《傳》不信古義，但是，值得注意的是，
即使是清儒考訂之學，也有宋明遠源可尋，宋學在清代仍具延續性，清代學
者對於《書集傳》，也有表示稱許的，如陳澧（1801～1882）就表示：

近儒説《尚書》，考索古籍，罕有道及蔡仲默《集傳》者矣。然僞《孔
傳》不通處，蔡《傳》易之，甚有精當者，江艮庭《集注》多與之
同：〈大誥〉「若兄考乃有友伐厥子，民養其勸弗救」，僞《孔傳》云
「以子惡故」(《孔疏》云「民皆養其勸伐之心，不救之」)，此甚不
通。蔡《傳》云：「蘇氏曰：養，廝養也。謂人之臣僕，大意言，若
父兄有友攻伐其子，爲臣僕者其可勸其攻伐而不救乎？」江氏注云：
「長民者，其相勸止不救乎！」(江訓「養」爲「長」，與蔡異，然
不及蔡引蘇氏訓爲「廝養」也)……此皆蔡《傳》精當，而江氏與
之同者。如爲暗合，則於蔡《傳》竟不寓目，輕蔑太甚矣。(《東塾
讀書記》，卷五，頁77～78）

從陳澧的說法，可得出二個要點：其一，清代咸、同之際，已少有學者論及
蔡《傳》。其二，陳氏指責乾嘉吳派學者江聲，暗用蔡《傳》，秘而不宣。江
聲，字艮庭，爲惠棟門生，撰有《尚書集注音疏》十二卷，據江氏〈尚書集
注音疏〉說，此書著成於乾隆三十八年（1773），歷十三年而成書。全書以輯
佚漢儒經說爲「集注」，又作「音疏」，書中蒐集了〈泰誓〉、〈湯誓〉、〈盤庚〉、
〈無逸〉的逸文，另收《史記》所錄〈湯誥〉全文。因爲嗜古，所以本書全
刻篆文。從江聲以考證入手的研究方法看來，屬乾嘉學者，他暗用蔡《傳》，
應是不願意與宋學有所牽連的緣故。

結　論

根據上文的論述，可以得出數點結論：

其一，在生平方面：蔡沈字仲默，福建建陽人，爲元定第三子，父子、兄弟皆爲朱學干城，對傳播朱子學有正面的貢獻，蔣垣《閩理學源流》曾說：

> 朱門受業最多，最知名者黃榦、李燔、張洽、陳淳、李方子、黃顥、
> 蔡沈、輔廣等，而黃榦門人最多，潘炳、楊復、何基、饒魯是其高弟。
> 何基傳之王柏，王柏傳之金履祥，金履祥傳之許謙；饒魯傳之吳中行，
> 中行傳之朱公遷。時與朱熹同任道學者，呂祖謙、張栻。祖謙受業于
> 候官林之奇。張栻，成都綿竹人。當時，楊、胡、林、朱、黃、蔡之
> 學盛行于江之東南。至寧宗年間，魏了翁築室白鶴山下，以所聞輔廣、
> 李燔之學，授教生徒，由是蜀人盡知義理之學，則閩學傳之西蜀矣。
> 理宗時，楊惟中建周子祠，以二程、張、楊、游、朱六君子配。又姚
> 樞隱于蘇門，以道學自任，刊《小學》、《四書》及蔡氏《書傳》、胡
> 氏《春秋傳》，而閩學至于河溯矣。（卷二，頁1）

蔡氏「性好岑寂，幽隱成癖」，平居仰觀俯察，默坐終日，一生未應科舉，也沒有作官，以山林爲歸宿。慶元、嘉定年間，曾講學於大明、南山二書堂。

其二，在著述方面：蔡沈撰有《書集傳》、《洪範皇極內篇》、《皇極剛克要略》三書。大體而言，蔡沈的治學路向分爲二方面：一是經學，他繼承了朱子學智識主義傾向的傳統，對於《易》、《詩》、《書》、《禮記》、《春秋》、《論語》、《孟子》、〈中庸〉等儒家經典，都有廣泛的研究，其中《書集傳》最能代表蔡沈的研究成果。二是理數學，參見《洪範皇極內篇》，其書兼采朱熹的「理」和蔡元定的象數學，構成獨特的體系，屬於宋《易》中象數學的系統。

其三，關於《書集傳》的研究動機及成書經過：據〈書集傳序〉，稱南宋寧宗慶元五年（1199），蔡沈受朱子之命作《書集傳》，朱子親集《書傳》，自孔〈序〉、二〈典〉至〈大禹謨〉「若帝之初」。寧宗嘉定二年（1209），《書集傳》成書，前後約費時十一年光陰。從《書集傳》的著成時間來看，蔡《傳》成書於朱子歿後十年，朱子不可能訂定全本。

其四，在版本方面：《書集傳》刊刻版本繁多，三朝六百年間可考善本達四十餘種，今存宋、元嘉槧如下：

1. 北京圖書館藏南宋理宗淳祐十年呂遇龍上饒郡學刻本：《朱文公訂正門人蔡九峰書集傳》六卷，〈書傳問答‧贈太師徽國公朱熹與先臣沈手帖〉一卷，〈小序〉一卷。

2. 中央圖書館藏南宋刊八行本：《書集傳》，今存〈書傳問答拾遺‧晦庵先生與先君手帖〉、〈書序〉（板心刻作「後序」）一卷。

3. 中央圖書館藏元建刊初印本：《蔡氏集傳》六卷，首蔡沈〈自序〉，次〈大序〉、六卷正文、〈小序〉、〈文公問答‧文公先生與蔡九峰親帖〉。

4. 北京圖書館藏元至正十四年（1354）日新書堂刻本（卷四至卷六，配補至正五年虞氏明復齋刻本）：《蔡沈集傳》六卷，鄒季友〈音釋〉，卷末附〈小序〉。

關於《書集傳》的版本問題，還有二個問題值得注意：

1. 蔡沈據朱子，總置〈書序〉於五十八篇經文之後，某些版本，如日本享保九年（1724）京都今村八兵衛刊本，刪去〈小序〉不刊，是不符合蔡沈的原意的。

2. 有關《書集傳》的卷數，有二個版本系統，一、是六卷本系統，如《朱文公訂正門人蔡九峰書集傳》。二、是十卷本系統，出自《書傳大全》。

其五：關於《書集傳》的體例：在編次章節方面，卷首有蔡沈〈自序〉，先言撰作《書集傳》的研究動機及成書經過，再說明著書的目的，在於「見得二帝三王之本心」。蔡氏在〈大序〉注文下提出四個問題，主要是懷疑〈序〉、《傳》的作者，其次是考辨偽《書》。《書集傳》的篇第，據偽《古文尚書》而定，惟〈小序〉總置在正《經》末，不計入正式卷數。在正《經》部分，大抵是各篇篇首均有一段解說文字，據此，可得出下列數事：

1. 說明各篇命名之意。

2. 注明《今文》、《古文》。

3. 重新思考前人《經》說的正確性。

4. 檢討經傳作者。

5. 懷疑經書篇章字句的可靠性。

6. 重新改定篇章文字次序。

7. 重新編定篇次。

在注文的基本形態方面，蔡《傳》或直釋某字義；或總結此句、全段之文意；或於某一說解，加一案斷；或於不可曉的章節，以「未詳」、「未知所據」、「難解」的形式，表示闕疑，或酌引眾說，以為對照。

其六，對偽《孔傳》、《尚書正義》的態度方面：宋儒雖以道統為口號，視漢儒之學如土梗，如循守注疏者，則謂之腐儒。但是，如果仔細分析《書集傳》，仍然可以發現《書集傳》在訓詁方面，有大量徵引、承襲舊典範的情形，這可以說明，宋儒與古注疏間的關係仍未斷絕。在史事考證方面，更動舊典範的地方不少，主要是蔡沈重塑聖王形象，提出不同於舊典範的南宋版本。

其七，「宋學傳統」對蔡《傳》的影響，大抵表現在下列數方面：

1. 懷疑經文的脫簡、錯簡、訛字等；

2. 懷疑先儒所公認的經傳作者；

3. 以「理」解經；

4. 重新思考舊典範的正確性。

其八，關於《書集傳》和朱子《尚書》學的關係，有數點值得討論：

1. 朱、蔡在訓字相異處，計三十餘則，集中於《周書》，吳澄曾懷疑〈洪範〉以後，非蔡沈自著。

2. 在推求注《書》方法方面，朱子擅長融會前篇來注解經文，蔡沈未必如此。

3. 在分章絕句方面，朱、蔡也不盡相同。

4. 在注《書》原則方面，朱子對於《尚書》中難以解釋的部分，多持保留的態度。而蔡沈於殷〈盤〉、周〈誥〉，多求其解。

5. 在辨偽《古文尚書》方面，朱、蔡看法一致，畢竟是理學家，而不是考據家，重視義理的取捨，甚於經典的研究。

6. 蔡沈守師法，以「見得二帝三王之心」為詮釋《尚書》的第一義。

7. 就蔡氏疏證「危微精一執中」而言，全本朱子之意。就蔡氏對「理出

於心」的命題而言，朱、蔡看法不同，蔡氏說法甚至接近陸象山。

其九，若論蔡沈對偽《古文尙書》的態度，他曾經懷疑〈泰誓〉、〈武成〉雜出眾手，又作〈武成〉改本，但究竟未敢深疑偽《古文尙書》，理由有二：

1. 蔡沈據吳棫、葉夢得，認爲〈訓〉、〈誥〉多奇澀，而〈誓〉、〈命〉多平易的原因，也許是四代作者不同，致各篇風格不一。

2. 在十三世紀的儒者看來，「虞廷傳心」十六字，是聖門心傳，講道統的依據，極有價值。

其十，蔡沈不信〈書序〉、舊典範，重定《尙書》篇第：

1. 〈益稷〉，舊典範以「帝曰來禹」爲界，前屬《虞書》，後屬《夏書》。《書集傳》則編定〈皋陶謨〉、〈益稷〉全屬《虞書》，並以〈禹貢〉爲《夏書》首篇。

2. 蔡沈不信〈書序〉，論〈康誥〉、〈酒誥〉、〈梓材〉爲武王誥康叔書，篇次當在〈金縢〉之前。

3. 論〈蔡仲之命〉篇次當在〈洛誥〉之前。

十一，蔡沈研究《尙書》，有二個值得注意的觀點，使得他的《尙書》學成就能特出於宋人，且能建立一典範，這個典範建立在疑〈書序〉非孔子作，總置〈書序〉於五十八篇後，回歸原典，直求本義，此觀點影響吳澄《書纂言》，仿《書集傳》作意，將〈書序〉、偽《古文尙書》皆總置經後，只注《今文》經，於〈書序〉、偽《古文》經皆不解說。蔡《傳》又提出「危微精一執中」十六字爲二帝三王相傳心法；《書集傳》以「虞廷傳心」極有價值，不敢遽疑偽《古文尙書》，但於各篇題下注明《今文》、《古文》之有無，日後有許多學者皆表同意或順著蔡沈的理路，進行對《尙書》的詮釋與思考，影響頗爲深遠。

附錄：《書集傳》、《朱文公文集》，〈大序〉、二〈典〉、〈禹謨〉對校記

篇　名	葉次	行次	《書集傳》	《朱文公文集・雜著》
書大序	一	前三	陸氏	「氏」作「德明」
	一	前十	名摯	無此二字
	二	前七	程子	「子」作「氏」
	三	前七	泰誓	「泰」作「秦」
	四	前五	吳氏曰伏生傳於既耄之時而安國爲隸古又特定其所可知者而一篇之中一簡之內其不可知者蓋不無矣乃欲以是盡求作書之本意與夫本末先後之義其亦可謂難矣而安國所增多之書今篇目具在皆文從字順非若伏生之書詰曲聱牙至有不可讀者夫四代之書作者不一乃至二人之手而遂定爲二體乎其亦難言矣	無此一二九字
	五	前二	詳此章雖說書序序所以爲作者之意而未嘗以爲孔子所作至劉歆班固始以爲孔子所作	作「今按此百篇之序出孔氏壁中漢書藝文志以爲孔子纂書而爲之序言其作意然以今考之其於見存之篇雖頗依文立義而亦無所發明其間如康誥酒誥梓材之屬則與經文又有自相戾者其於已亡之篇則伊阿簡略尤無所補其非孔子所作明甚然相承已久今亦未敢輕議且據安國此序復合爲一以附經後而其相戾之說見本篇云」

	七	前二	則賴安國之序而見故今定此本	「而」下有「可」字 「今」下有「別」字
	七	前四	又集傳其所可知姑闕其所不可知者云	作「而不亂乎諸儒之說又論其所以不可知者如此使學者姑務沈潛反復乎其所易而不必穿鑿傅會其難者云」
堯典	一	前六	今文古文皆有	作「古文今文皆有」
	一	前八	古文作粵	無此四字
	一	後一	通明也	「通」作「聰」
	一	後一	敬體而明用也	作「敬爲體而明爲用」
	一	後一	無所勉強也	「也」作「之貌」
	一	後二	勉強	作「強勉」
	一	後五	則放勳之所極也	「放」下有「其」字
	一	後六	故書敘帝王之德	無「敘」字
	一	後十	五服異姓之親	「五服」下有「之外」二字
	二	前一	章明也	無「也」字
	二	前一	民庶	作「庶民」
	二	前二	雍和也	「也」下有「於是無不和也」六字
	二	前二	而家而國而天下	作「及物由近及遠」
	二	前四	乃者繼事之辭羲氏和氏主曆象授時之官	作「此兼命二氏四子作爲曆象以授民欲其及時以趨事也」
	二	前四	曆所以紀數之書	「書」下有「也」字
	二	前五	如下篇	「下」作「後」
	二	前五	一月而與日會	「日」下有「一」字
	二	前七	謂耕穫之候	「穫」下有「蠶績」二字
	二	前九	此下	「下」有「以」字
	二	前十	未詳是否也	無「也」字
	二	前十	即禹貢嵎夷既略者也	作「東表之地蓋官在國都而統治之方其極至此非往居於彼也」
	二	後一	取日出之義羲仲所居官次之名蓋官在國都而測候之所則在於嵎夷東表之地也	作「以日之所出而名之也」

	二	後二	亦帝嚳曆日月而迎送之意	無此十一字
	二	後四	初出之景也	「景」作「晨」
	二	後四	春分之刻於夏永冬短爲適中也晝夜皆五十刻舉晝以見夜故曰日	作「晝得其中也蓋晝夜皆五十刻春主陽故以晝言也」
	二	後五	唐一行推以鶉火爲春分昏之中星也	無此十五字
	二	後五	春分陽之中也	作「仲春者春分之氣蓋以日晷中星驗春之中也」
	二	後十	交趾之地	「地」下有「劉氏曰當云宅南曰交趾」十字
	三	前二	星火	「火」作「大」
	三	前二	正者夏至陽之極午爲正陽位也	無此十三字
	三	前三	而民愈散處也	無「處」字
	三	前三	希革鳥獸毛希而革易也	無「鳥獸」二字「易」作「見」
	三	前五	昧谷者以日所入而名也	無「者」字 「名」下有「之」字
	三	前七	宵中者秋分夜之刻於夏冬爲適中也晝夜亦各五十刻舉夜以見日故曰宵	作「此時亦晝夜各五十刻秋至陰且避春之日中故舉宵以見日也」
	三	前八	亦曰殷者秋分殷之中也	無此十字
	三	後三	日短晝四十刻也	「也」下有「冬亦主陰然無所避故直言日也」十三字
	三	後三	亦曰正者冬至陰之極子爲正陰之位也	無此十六字
	三	後六	而政不失時也	「也」下有「今按中星或以象言或以次言或以星言者蓋星適當昏中則以星言如星虛星昴是也星不當中而適當其次者則以次言如星火是也次不當中而適界於兩次之間者則以象言如星鳥是也聖人作曆推考參驗以識四時中星其立言之法詳密如此」九十八字

三	後九	所謂歲差者	「者」字下有「日與黃道俱差者」七字
四	前一	因附著于此	無此五字
四	前四	猶周也	「也」字下有「歲周三百六十五日四分之一而日三百六旬又六日者舉成數也」廿六字
四	前四	允信	無此二字
四	前四	咸皆	無此二字
四	前五	故日行	無此三字
四	前六	在天爲不及	作「而常不及天」
四	前十	日與天會	作「日行」
四	後一	月與日會	作「月行」
四	後三	六百	「百」下有「單」字
四	後六	寒暑反易農桑庶務皆失其時	「易」下有「既爲可笑」字「時」下有「爲害尤甚」字
四	後九	咨訪問也	作「咨嗟」
四	後九	堯言誰爲我訪問能順時爲治之人而登用之乎	作「堯誰阿咨嗟而問有能順此理者將登而用之」
五	前三	夏書	「夏」作「蓋」
五	前五	都歎美之辭	無此五字
五	前六	共工	無此二字
五	前七	與下文相似疑有舜誤上章言順時此言順事職任大小可見	作「不可曉與下文不相似疑有舜誤」
五	後四	言有能任此責者使之治水也	無此十二字
五	後四	四岳與其所領諸侯之在朝者同辭而對也於歎美辭	無此廿一字
五	後六	方命者逆命而不行也王氏曰圓則行方則止方命猶今言廢閣詔令也蓋鯀之爲人悖戾自用不從上令也	作「方逆也命上之令也言專任己意不從上令也」
五	後八	圯族	作「敗類」
五	後十	九載三考功用不成故黜之	無此十一字
六	前六	吳氏日巽遜古通用	無此八字

	六	前七	可遜以	作「入居我之」
	六	後五	爾雅曰水北曰汭亦小水入大水之名蓋兩水合流之內也故從水從內蓋舜所居之地	作「汭水北一說亦水名一說小水入大水也蓋山水皆自北來人可居處多在所交之北故舜所居在嬀之汭也」
	六	後六	史言堯治裝	作「謂其家也言治裝」
舜 典	七	前一	今文古文皆有今文合于堯典而無篇首二十八字。唐孔氏曰東晉梅賾上孔傳闕舜典自乃命以位以上二十八字世所不傳多用王范之注補之而皆以愼徽五典以下爲舜典之初至齊蕭鸞建武四年姚方興於大航頭得孔氏傳古文舜典乃上之事未施行而方興以罪致戮至隋開皇初購求遺典始得之今按古文孔傳尚書有曰若稽古以下二十八字伏生以舜典合於堯典只以愼徽五典以上接帝曰欽哉之下而無此二十八字梅賾既失孔傳舜典故亦不知有此二十八字而愼徽五典以下則固具於伏生之書故傳者用王范之注以補之至姚方興乃得古文孔傳舜典於是始知有此二十八字或者由此乃謂古文舜典一篇皆盡亡失至是方全得之遂疑其僞蓋過論也	作「古文有今文合於堯典」
	七	後二	濬深	「深」下有「也」字
	七	後三	誠信而充實	作「信實而充塞」
	七	後五	職位	作「官職之位」
				「位」下有「今按孔疏梅頤奏上古文尚書孔傳之時已失舜典一篇又自此以上二十八字世所不傳故多用王范之注補之而以下文愼徽五典以下爲舜典之初至齊蕭鸞建武四年姚方興於大航頭而□之議者以爲孔安國之所註也直方

			興有罪事亦隨寢至隋開皇二年購募遺典乃得其篇焉蓋伏生以舜典合於堯典故其所傳無此二十八字而愼徽五典以下則固具於伏生之書故傳者用王范之註以補之至姚方興乃得古文本經而并及孔傳於是始知有此二十八字但未知其餘文字同異又如何耳或者有此乃謂古文舜典一篇皆盡亡失至是方全得之遂疑其僞蓋過論也」二二六字
七	後八	惟唐虞有之	「惟」作「唯」
八	前一	洪水爲害	「害」作「患」
八	前三	愚謂遇烈風雷雨非常之變而不震懼失常非固聰明誠智確乎不亂者不能也易震驚百里不喪匕鬯意爲近之	無此四十四字
八	前八	上戊上辛上丁	無「上辛」二字
八	前十	轉運	作「運轉」
八	後一	齊七政	「齊」作「察」
八	後一	渾天儀也	「也」下有「齊猶審也」四字
八	後二	舜初攝位整理庶務首察璣衡以齊七政	作「舜初攝位乃察璣衡以審七政之所在以起」
八	後三	按渾天儀者天文志云言天體者三家	作「渾天儀晉天文志云言天體者有三家」
八	後七	出地上	「出」作「去」
八	後八	入地下	無「下」字
九	前三	宋錢樂又鑄銅作渾天儀	無此十字
九	前四	即璿璣玉衡之遺法也	「即」下有「此」字 無「也」字 「也」下有「蔡邕以爲近得天體之實者也」十二字
九	前五	黑單環	無「黑」字
九	前五	八干四隅	作「八十四偶」

	九	前五	而定四方	無「而」字
	九	前五	背刻	「背」作「具」
	九	前六	使其半入地下	「其」下有「半出地上」四字
	九	前六	背刻	「背」作「具」
	九	前十	黃單環	「單」作「雙」
	九	後三	以象天行	「以」下有「為」字
	九	後四	外指兩軸	「指」作「跰損」
	九	後五	內面	無「面」字
	九	後五	東西運轉	「西」作「而」
	九	後七	沈括曰舊法規環一面刻周天度一面加銀丁蓋以夜候天晦不可目察則以手切之也古人以璿璣疑亦為此	移置「蔡邕以為近得天體之實者也」下 「此」下有「今按此以漢法逆推古制」十字
舜典	十	前二	上帝是也	「也」下有「上帝天也」四字
	十	前二	謂宗尊也	「謂」下有「六宗」二字
	十	前十	四岳	「岳」作「嶽」
	十	前十	四方	「方」作「嶽」
	十	前十	程子	「子」作「氏」
	十	後二	一日	「日」下有「也」字
	十	後七	巡守者	無「者」字
	十	後八	太山	「太」作「泰」
	十	後九	以祀天也望望秩以祀山川也	作「以祀天而遂望祭東方之山川又各以其秩次而就祭之也」
	十	後十	五岳	「岳」作「嶽」
	十一	前一	不齊	「齊」作「同」
	十一	前一	正之也	「正」作「合」 「也」下有「同審而一之也」六字
	十一	前二	十二律	作「十二律也六律為陽」

	十一	前二	無射	「射」下有「六呂為陰」四字
	十一	前二	也六為律六為呂凡	無此八字
	十一	前三	夫呂以下	「夫」作「大」
	十一	前四	聲音	作「音聲」
	十一	前五	而度長短	無「而度」二字
	十一	前八	其有不一	作「所用而不同」
	十一	前九	同之也	「同」作「一」
	十一	後一	修之所以同天下之風俗	「修」作「脩」 「俗」下有「也」字
	十一	後四	周禮六器六贄即舜之遺法也	作「周禮曰王之所以撫邦國諸侯者七歲屬象胥喻言語協辭命九歲屬瞽史喻書名聽聲音十有一歲達瑞節同度量成牢禮同數器修法則十有二歲王巡守殷國大略亦類此蓋因虞夏之禮而損益之故其先後詳略有不同耳」
	十一	後五	故曰卒乃復	無此五字
	十一	後六	南岳、西岳、北岳	「岳」皆作「嶽」
	十一	後六	言至于	無「言」字
	十一	後七	未有可考也	作「不知何據今未有考也」
	十一	後八	程子以為但言藝祖舉尊爾	「子」作「氏」
				「祖」下有「者」字
				「爾」下有「耳」字
	十二	前五	程子	作「程氏」
	十二	前五	從而明考	無「從而」二字
	十二	前六	以旌異之	作「以旌其功也」
	十二	前八	中古	作「古者中國」
	十二	前八	荊揚	作「揚荊」
	十二	前九	地廣	「地」下有「大」字
	十二	前九	亦因其舊	「舊」下有「大河以內為冀州而帝都在焉」十二字

	十二	前九	其東北	「其」作「又分」
	十二	後二	只列爲九州	作「正辨九州之域」
	十二	後三	徐梁營也	無「也」字
	十二	後四	吳氏曰此一節在禹治水之後其次敘不當在四罪之先蓋史官泛記舜所行之大事初不計先後之序也	無此四十一字
	十二	後七	天之垂象以示人而典者常也	無「以」字
				「人」下有「也」字
				無「而」、「者」二字
	十二	後八	淫放	「放」作「邪」
	十二	後八	流宥五刑者	無「宥五刑」三字
	十二	後十	作官刑者	無此四字
	十二	後十	革	「革」下有「官刑」二字
	十二	後十	朴作教刑者夏楚二物學校之刑也	作「朴夏楚也教刑學校之刑也」
	十三	前一	罪之輕者	「者」下有「也」字
	十三	前一	金作贖刑者金黃金	作「金罰其金也」
	十三	前一	蓋	作「所以待夫」
	十三	前二	猶有可議者也	無「者」字
	十三	前二	從重入輕	作「寬猛輕重」
	十三	前三	肆縱也眚災肆赦者	無此八字
	十三	前四	賊殺也怙終賊刑者怙謂有恃終	無此十三字
	十三	前五	蓋	作「猶今之律有名例又」
	十三	前六	雖其輕重取舍	作「刑有輕重取舍」
	十三	前七	天討不易之定理	「討」作「罰」
	十三	前八	則有	無「則」字
	十三	前十	貧者受刑又非所以爲平也	作「而貧者受刑既非所以爲平而又有利之之心焉聖人之法必不然矣」
	十三	後三	異法	作「異其法」

	十三	後四	江南荊揚	作「大江之南彭蠡之西洞庭之東」
	十三	後四	爲亂	「爲」作「作」
	十三	後四	北裔之地	無「之地」二字
	十三	後四	南裔之山	「山」下有「或云」二字
	十三	後五	雍	作「雍州」
	十三	後六	程子曰舜之誅四凶怒在四凶舜何與焉蓋因是人有可怒之事而怒之聖人之心本無怒也聖人以天下之怒爲怒故天下咸服之	無此五十一字
	十四	前一	革木也	「也」下有「皆樂器也古者謂畿內之民與列國諸侯爲天子服斬衰三年海內之民則不爲服」三十二字
	十四	前一	言堯聖德廣大恩澤隆厚	作「唯堯聖德廣大恩澤隆厚又能讓舜爲天下」
	十四	前一	四海	作「海內」
	十四	前二	堯十六	作「按堯十六」 移「按堯十六……通計一百單一年」至「儀禮……過密八音」前
	十四	前三	通計百單一年	「計」下有「一」字
	十四	前三	月正	「正」下有「即」字
	十四	前四	朔日也	「也」下有「月正猶月朔謂之朔月月吉謂之吉月也」十六字
	十四	前四	漢孔氏	無「漢」字
	十四	前五	蘇氏曰	無此三字
	十四	前六	孔氏云	作「此云」
	十四	前七	謀治	「謀」下有「政」字
	十四	前七	以來天下	「來」作「受」
	十四	前八	賢俊	作「朝貢」
	十四	前八	視聽	「視」作「見」
	十四	前八	壅蔽	「蔽」下有「也」字
	十四	後一	撫之也	無「也」字

	十四	後一	習之也	無「也」字
	十四	後一	先其略而後其詳	作「先務其略而後致其詳」
	十四	後二	拒姦惡	「拒」下有「絕」字
	十四	後三	亦相率	「亦」下有「當」字
	十四	後八	明亮庶事而順成庶類也	「明」作「時」 「也」作「乎」
	十四	後八	四方諸侯	「侯」下有「時」字
	十四	後八	姒姓	無此二字
	十四	後八	平水土者司空之職	移至「時是懋勉也」後 「職」下有「是則指此百揆之事而言也」十一字
	十四	後九	時是懋勉也	移至「可宅百揆」後
	十五	前一	亦此類也稽首首至地	「亦此類也」作「之比」 「地」下有「暨及也」三字
	十五	前二	田正官	移至「皆有爵士之稱也」後
	十五	前二	契臣名	作「契二臣皆帝嚳之子」
	十五	前三	舉也	無「也」字
	十五	前三	此章	「章」作「時」
	十五	前三	此下方稱帝曰者以見堯老舜攝堯在時舜未嘗稱帝此後舜方真即帝位而稱帝也	作「以見自此以上稱帝者皆堯也自此以下稱帝者乃舜也則堯老之時舜未嘗稱帝亦可見矣」
	十五	前五	阻厄后君也有爵士之稱	作「阻厄也后君也謂有邰之君也如所謂三后后夔皆有爵土之稱也稷田正官」
	十五	前九	長幼有敘	「敘」作「序」
	十五	前九	雖無所不敬	無「雖」字
	十五	後二	使其優柔	「使」作「欲」
	十五	後三	而無無恥之患	作「而無迫切慮偽免而無恥之患」
	十五	後三	匡直	「匡」作「正」
	十五	後十	列爵惟五	「五」下有「而」字
	十六	前二	無不信服	無「信」字
	十六	前四	若順其理	「若」下有「言」字

	十六	前五	設色之工	「工」下有「刮摩之工」四字
	十六	前六	殳斨伯與三臣名也殳以積竹爲兵建兵車者斨方鑿斧也古者多以其能爲名殳斨豈能爲二器歟往哉汝諧者往哉汝和其職也	作「共工官名共供也言供其事也殳斨伯與二臣名也往哉汝諧言汝能和其職不聽其讓也」
	十六	後一	山澤之官	「官」下有「也」字
	十六	後一	夏官	「官」下有「僉臣名也」四字
	十六	後一	朱虎熊羆四臣名也	無此八字
	十六	後一	意以獸爲名者亦以其能服是獸而得名歟	無此十七字
	十六	後二	史記	作「太史公」
	十六	後二	垂之佐也	「也」下有「殳以積竹爲兵建於兵車者斨方鑿斧也古者多以其所能爲名二人豈能爲二器者歟」三十四字
	十七	前三	上二無字與毋同	無此七字
	十七	前三	所以慮其偏	作「皆所以因其德性之善」
	十七	前四	所以防其過而戒禁之也	作「皆所以防其氣稟之過而矯揉之也」 「也」下有「所以」二字
	十七	前五	其所以教之	無「其」字
	十七	前十	十二律	「律」下有「者」字
	十七	後四	夔曰以下	「下」下有「則」字
	十八	前八	士一官	無「一」字
	十八	後四	舜攝位而竄逐之禹治水之時	作「故治水之際」
	十八	後四	舊都猶頑不即工	作「猶有不即工者」
	十八	後七	徵召也	無此三字
	十八	後九	舜巡守而死	「舜」下有「南方」二字
	十八	後十	猶雲徂乎	「雲」作「云」
	十九	前一	舜生三十年	「舜」下有「而測微至」四字
	十九	前一	堯方召用	作「堯乃而用之」

	十九	前一	通三十年	作「三十一年」
	十九	前二	史記言舜巡守崩于蒼梧之野孟子言舜卒於鳴條未知孰是今零陵九疑有舜冢云	無此三十三字
大禹謨	二十	前一	謨謀也	無此三字
	二十	前一	未備者	「備」作「盡」
	二十	前二	舜典	作「二典」
	二十	前二	今文無古文有	作「古文有今文無」
	二十	前六	史記以為禹名	作「王氏以為禹號」
	二十	前七	蘇氏曰以文命為禹名則敷于四海者為何事耶	「名」作「號」「耶」下有「吳氏曰此書不專為大禹而作此十七字當是後世模倣二典為之皋陶謨篇首九字亦類此今按此篇稽古之下猶贊禹德而後便記皋陶之言其體亦不相類吳氏之說恐或然也」七十字
	二十	前九	敏速也	「也」下有「曰德者言其德化之深也」十字
	二十	後三	舜然禹之言	「禹」下有「無告困窮也帝謂堯也」九字
	二十	後六	程子	「子」作「氏」
	二十	後七	為天下君	「君」下有「都嘆美之辭也都者君子之居鄙者野人之居故古者謂野為鄙謂都為美也」三十字
	二一	前三	比類	「比」作「此」
	二一	前四	稱其美	「稱」作「譽」
	二一	前四	規戒之意	「意」作「辭」
	二一	前四	依舊說	作「只依舊說」
	二一	前五	惠順迪道也逆反道者也惠迪從逆猶曰順善從惡也禹言天道可畏吉凶之應於善惡猶影響之出於形聲也以見不可不艱者以此而終上文之意	作「迪道也字本訓由故又以為所當由之道也言天道無常隨人所行之順逆而應之以禍福猶影響形聲以終上文之意見所以不可不艱者以此」

	二一	後一	精審也	無「也」字
	二一	後一	儆與警同	「同」下有「古文作敬開元改今文」九字
	二一	後一	虞度	作「虞度也言當儆戒於無虞度之時謂戒於無形也」
	二一	後二	所當謹畏	「謹」作「敬」
	二一	後三	謀圖爲也	「也」下有「成成就也言」五字
	二一	後五	益言八者	益之言如此
	二二	前三	謂帝當深念益之所言也且德非徒善而已惟當有以善其政政非徒法而已在乎有以養其民下文六府三事即養民之政也	作「因謂所以如是而修其德者將欲以善其政也而爲政之道不在乎他特在乎養民而已」
	二二	前七	什器	「什」作「作」
	二二	前八	民生始遂不可以逸居	作「則民生略遂而不可以逸居」
	二二	前九	無不合矣	「矣」下有「葛氏曰洪範五行水火木金土百穀本在木行之類以其爲民食之急故別而附之」二十字
	二二	前十	三也	「也」下有「惟」字
	二二	前十	常也	「也」下有「惟」字
	二二	後六	葛氏曰洪範五行水火木金土而已穀本在木行之數禹以其爲民食之急故別而附之也	移至「無不合矣」下
	二三	前三	汝當勉力不怠而總率我眾也蓋命之攝位之事	作「而汝乃能不怠於其職故命之以攝帝位而率眾臣也」
	二三	前四	後惟居攝亦若是而已	作「後惟居攝總堯之眾爾未能遽宅帝位也故其命禹亦若是而已」
	二三	前八	民懷服之	「之」下有「宜使攝位」四字
	二三	前九	念之而不忘固在皋陶舍之而他求亦惟在皋陶名言於口固在於皋陶誠發於心亦惟在於皋陶	作「我念其可以率帝之眾者則是亦惟在於皋陶耳」「陶」下有「又言」二字

二三	後一	攝位也	「也」下有「舜命禹宅百揆而禹讓稷契皋陶此不及稷契者史記載稷契皆帝嚳之子與堯爲兄弟意其至是必已不復存矣」四十四字
二三	後四	不及	「及」下有「者」字
二三	後四	惟此臣庶無或有干犯我之政者以爾爲士師之官	作「皋陶」
二三	後六	故民亦皆能協於中道初無過不及之差	作「今乃臣庶罔于予正而民情又皆合於中道無有過不及之差焉」
二三	後六	懋勉也	無此三字
二四	前四	可重可清者則從輕以罰之功已定矣	「可」皆作「或」 「罰」作「治」 「定」作「成」
二四	前五	可輕可重	「可」皆作「或」
二四	前五	法	作「罪之輕重未明」
二四	前五	無殺	「殺」下有「者」字
二四	前五	殺之	「殺」上有「欲」字
二四	前五	陷於非辜	作「實其無可殺之罪而陷於無辜」
二四	前六	恐失之輕縱	作「則恐其實有不常之罪而失於不殺」
二四	前八	或有	「或」作「而」
二四	前八	伸恩	「伸」作「申」
二四	前八	得行其常法	「得」下有「以」字
二四	後三	欲以治教化四達	作「至于治教化之行」
二四	後十	禹奏言而能踐其言試功而能有其功所謂成允成功也	作「言禹自許能任治水之責而果能治之是能成其信也成功謂水患既平九功皆敘也」
二五	前二	懋楙古通用	作「懋宜作楙」 「用」下有「此作懋者乃訓勉爾蓋古字亦通用也」十五字
二五	前三	丕大積功也懋乃德者禹有是德而我以爲盛大嘉乃丕積者禹有是功	作「德指其克勤儉不矜伐而言丕大積功也指其成允功而言懋乃德者彼有是德而我以爲盛大嘉乃積者彼有是功」

	二五	前四	先後	「後」下有「也言」二字
	二五	前四	汝有盛德	「有」下有「此」字
	二五	前五	大君之位	「位」下有「言」字
	二五	前六	是時	「時」作「皆」
	二五	前七	中	「中」作「身」
	二五	前七	外	「外」作「事物」
	二五	前七	發於形氣	作「生於形氣之私」
	二五	前七	義理	「理」下有「之功」二字
	二五	前八	易私而難公故危	作「易動而難反故危而不安」
	二五	前八	道心難明而易昧故微	作「義理難明而易昧故微而不顯」
	二五	前八	精以察之而不雜形氣之私一以守之而純乎義理之正道心常爲之主而人心聽命焉則危者安危者著動靜云爲	作「省察於二者公私之間以致其精而不使其有頃刻之離則其日用之間思慮動作」
	二五	前十	今舜命禹	作「而舜之命禹」
	二五	前十	所以	作「本末」
	二五	後一	見於經者	「者」下有「不過」二字
	二五	後一	深思	「思」作「畏」
	二五	後三	公論	「公」作「正」
	二五	後四	計事	「計」作「謀」
	二五	後五	事之要	「要」作「方」
	二五	後五	內外相資	「資」下有「二得其要」四字
	二五	後八	可愛非君乎可畏非民乎眾非君則何所奉戴君非民則誰與守邦欽哉言不可不敬也可願猶孟子所謂可欲凡可願欲者皆善也人君當謹其所居之位敬修其所願欲者苟有一毫之不善生於心害於政則民不得其所者多矣四海之民至於困窮則君之天祿一絕而不復續豈不深可畏哉此又極言安危存亡之戒以深警之雖知其功德之盛必不至此然猶欲其	作「此言可愛者君而可畏者民也君之所以可愛者以眾非君則無以奉戴而至於亂也民之所以可畏者以君非民則無與守邦而爲獨夫也故爲人君者當自警戒以謹守其所居之位修其所願欲之事欲其有以常保其位永爲下民之所愛戴而不至於危亡也若不恤其民使其至於困窮則天命去之一絕而不復續矣豈人君之所願欲矣此又極言安危存亡之戒

			毫釐之間此其所以爲聖人之心也好善也戎兵也言發於口則有二者之分利害之幾可畏如此吾之命汝蓋已審矣豈復更有他說蓋欲禹受命而不亂避也	以深警之雖知其功德之盛必不至此然猶欲其戰戰兢兢無敢逸豫而謹之於毫釐之間此其所以爲聖人之心也好和好也戎兵戎也言發於口則有二者之分故戒之以命汝其慮已審矣豈容復有他說乎」
	二六	前七	枚卜	「卜」下有「謂」字
	二六	前七	歷卜之也	無「也」字
	二六	前七	帝	「帝」作「舜」
	二六	前七	但請	「但」作「故」
	二六	前八	占卜	作「卜筮」
	二六	前八	龜卜筮著習重也帝言官占之法先斷其志之所向然後令之於龜今我志既先定而眾謀皆同鬼神依順而龜筮已協從矣又何用更枚卜乎況占卜之法不待重吉也固辭再辭也毋者禁止其辭惟汝可以諧此元后之位也	作「習吉重得吉卜也蓋言卜筮之官占筮之法先斷其志之所向然後合之於龜若我之志已定而眾謀又協則鬼神其必依據龜筮無不協從矣況乜筮之法不待習吉今又何用更待枚卜再得吉兆乃爲可乎再辭曰固毋禁止又辭正越次年正月也」
	二六	後二	神宗堯廟也蘇氏曰堯之所從受天下者曰文祖舜之所從受天下者曰神宗受天下於人必告於其人之所從受者禮曰有虞氏禘黃帝而郊嚳祖顓頊而宗堯則神宗爲堯明矣正月朔且禹受攝帝之命于神宗之廟總率百官其禮一如帝舜受終之初等事也	作「神宗說者以爲舜祖顓頊而宗堯因以神宗爲堯廟未知是否如帝之初即上篇所記齊七政修群祀朝諸侯等事也」

引用板本：《晦庵先生朱文公集》（臺北：臺灣商務印書館，《四部叢刊》影印涵芬樓藏明刊本），〈雜著〉，〈尚書〉，卷六五，頁 1198～1202。《朱文公訂正門人蔡九峰書集傳》（北京：中華書局，《古逸叢書三編》影印南宋理宗淳祐十年呂遇龍上饒郡學刻本），卷一，頁 117。

引用及主要參考書目

一、經學類

1. 《尚書大傳》，舊題漢・伏勝撰：《四部叢刊》（影印《左海文集》本），上海，商務印書館。

2. 《尚書注疏》，舊題漢・孔安國傳，唐・孔穎達等疏，影印清嘉慶二十年（1815）南昌府學刊本，臺北，藝文印書館，1989 年 1 月。

3. 《書古文訓》，宋・薛季宣撰，影印《通志堂經解》本，臺北，漢京文化事業公司，1980 年。

4. 《三經新義輯考彙評（一）——尚書》，程師元敏撰，臺北，國立編譯館，1986 年 7 月。

5. 《東坡書傳》，宋・蘇軾撰，影印文淵閣《四庫全書》本，臺北，臺灣商務印書館，1983 年 6 月。

6. 《尚書全解》，宋・林之奇撰，影印《通志堂經解》本，臺北，漢京文化事業公司，1980 年。

7. 《禹貢論、山川地理圖》，宋・程大昌撰，影印南宋淳熙八年（1181）陳應行泉州州學刻本，北京，中華書局，1985 年 4 月。

8. 《時瀾增修東萊書說》，宋・呂祖謙撰，宋・時瀾增修，影印《通志堂經解》本，臺北，漢京文化事業公司，1980 年。

9. 《尚書詳解》，宋・夏僎撰，影印文淵閣《四庫全書》本，臺北，臺灣商務印書館，1983 年 6 月。

10. 《朱文正訂正門人蔡九峰書集傳》，宋・蔡沈撰，影印南宋淳祐十年（1250）呂遇龍上饒郡學刻本，北京，中華書局，1987 年 9 月。

11. 《書集傳》，宋・蔡沈撰，南宋刊八行本。

12. 《蔡氏集傳》，宋・蔡沈撰，元建刊初印本。

13. 《蔡沈集傳》，宋・蔡沈撰，明正統十二年（1447）司禮監刊本。

14. 《書經集註》，宋・蔡沈撰，（日）享保九年（1724），京都，今村八兵衛刊本。

15. 《書經集傳》，宋・蔡沈撰，影印文淵閣《四庫全書》本，臺北，臺灣商務印書館，1983 年 6 月。

16. 《書集傳或問》，宋・陳大猷撰，影印文淵閣《四庫全書》本，臺北，臺灣商務印書館，1983 年 6 月。

17. 《書疑》，宋・王柏撰，影印《通志堂經解》本，臺北，漢京文化事業公司，1980 年。

18. 《書纂言》，元・吳澄撰，影印《通志堂經解》本，臺北，漢京文化事業公司，1980 年。

19. 《尚書表注》，元・金履祥撰，南宋末年建刊本。

20. 《書傳輯錄纂註》，元・董鼎撰，元至正十四年（1354）建安翠巖精社刊本。

21. 《書傳輯錄纂註》，元・董鼎撰，《昌平叢書》本，（日）明治四十三年（1910），東京，松山堂彙印本。

22. 《書蔡氏傳旁通》，元・陳師凱撰，元至正五年（1345），余氏勤有堂刊本。

23. 《書蔡氏傳纂疏》，元・陳櫟撰，明山陰祁氏淡生堂傳鈔元泰定間梅溪書院刊本。

24. 《蔡氏集傳纂疏》，元・陳櫟撰，《昌平叢書》本，（日）明治四十三年（1910），東京，松山堂彙印本。

25. 《書傳會選》，明・劉三吾等編纂，明趙府味經堂刻本。

26. 《書傳大全》，明・胡廣等編纂，明內府刊本。

27. 《書經大全》，明・胡廣等編纂，影印文淵閣《四庫全書》本，臺北，臺灣商務印書館，1983 年 6 月。

28. 《尚書考異》，明・梅鷟撰，百部叢書集成影印《平津館叢書》本，藝文印書館，1965 年。

29. 《尚書譜》，明・梅鷟撰，北京圖書館《古籍珍本叢刊》（影印清鈔本），北京，書目文獻出版社。

30. 《尚書蔡注考誤》，明・袁仁撰，《叢書集成新編》，臺北，新文豐出版公司，1985 年 1 月。

31. 《尚書古文疏證》，清・閻若璩撰，影印乾隆十年（1745）眷西堂刻本，配補同治六年（1867）汪氏振綺堂重修本，上海，上海古籍出版社，1987 年 12 月。

32. 《尚書今古文注疏》，清・孫星衍撰，陳抗、盛冬鈴點校，北京，中華書局，1986 年 12 月。

33. 《尚書集注述疏》，清・簡朝亮撰，臺北，鼎文書局，1972 年 4 月。

34. 《今文尚書考證》，清・皮錫瑞撰，陳抗、盛冬鈴點校，北京，中華書局，1989 年 12 月。

35. 《尚書覈詁》，楊筠如撰，臺北，學海出版社，1978 年 2 月。

36. 《雙劍誃尚書新證》，于省吾撰，臺北，嵩高書社，1985 年 4 月。

37. 《尚書集釋》，屈萬里撰，臺北，聯經出版事業公司，1986 年 1 月。

38. 《尚書綜述》，蔣善國撰，上海，上海古籍出版社，1988 年 3 月。

39. 《尚書學述》，李振興撰，臺北，東大出版公司，1994 年 5 月。

40. 《康誥研究》，曾榮汾撰，臺北，臺灣學生書局，1981 年 9 月。

41. 《詩書成詞考釋》，姜昆武撰，濟南，齊魯書社，1989 年 11 月。

42. 《尚書學史》，劉起釪撰，北京，中華書局，1989 年 6 月。

43. 《先秦典籍引尚書考》，許師錟輝撰，國立臺灣師範大學國文研究所博士論文，高明、林尹指導，1970 年 6 月。

44. 《宋人洪範學》，蔣秋華撰，臺灣大學中國文學研究所碩士論文，程師元敏指導，1982 年 6 月。

45. 《宋代尚書學案》，蔡根祥撰，臺灣師範大學國文研究所博士論文，許師錟輝指導，1994 年 6 月。

46. 《二程詩書義理求》，蔣秋華撰，臺灣大學中國文學研究所博士論文，程師元敏指導，1991 年 7 月。

47. 林之奇《尚書全解》研究，林登昱撰，中正大學中文研究所碩士論文，莊雅州指導，1994 年 5 月。

48. 《王柏之生平與學術（下）》，程師元敏撰，作者自印本，1975 年 12 月。

49. 《清代尚書學》，古國順撰，臺北，文史哲出版社，1981 年 7 月。

50. 《詩經注疏》，漢・毛公傳，漢・鄭玄箋，唐・孔穎達等疏，影印清嘉慶二十年（1815）南昌府學刊本，臺北，藝文印書館，1989 年 1 月。

51. 《周禮注疏》，唐・賈公彥注，唐・孔穎達等疏，影印清嘉慶二十年（1815）南昌府學刊本，臺北，藝文印書館，1989 年 1 月。

52. 《左傳注疏》，晉・杜預注，唐・孔穎達等疏，影印清嘉慶二十年（1815）南昌府學刊本，臺北，藝文印書館，1989 年 1 月。

53. 《四書章句集註》，宋・朱熹撰，濟南，山東友誼書社，1989 年 7 月。

54. 《論語注疏》，魏・何晏注，宋・邢昺疏，影印清嘉慶二十年（1815）南昌府學刊本，臺北，藝文印書館，1989 年 1 月。

55. 《孟子注疏》，漢‧趙岐注，宋‧邢昺疏，影印清嘉慶二十年（1815）南昌府學刊本，臺北，藝文印書館，1989 年 1 月。

56. 《爾雅注疏》，晉‧郭璞注，宋‧邢昺疏，影印清嘉慶二十年（1815）南昌府學刊本，臺北，藝文印書館，1989 年 1 月。

57. 《七經小傳》，宋‧劉敞撰，影印《通志堂經解》本，臺北，漢京文化事業公司，1980 年。

58. 《四部要籍序跋大全‧經部甲輯》，未詳編者，臺北，華國出版社，1952 年。

59. 《清代經部序跋選》，王達津主編，天津，天津古籍出版社，1991 年 11 月。

60. 《經解入門》，清‧江藩撰，方國瑜校點，天津，天津古籍書店，1990 年 6 月。

61. 《經學通論》，清‧皮錫瑞撰，臺北，臺灣商務印書館，1989 年 10 月。

62. 《經學歷史》，清‧皮錫瑞撰，周予同注，臺北，藝文印書館，1987 年 10 月。

63. 《觀堂集林》，王國維撰，北京，中華書局，1991 年 12 月。

64. 《書傭論學集》，屈萬里撰，臺北，臺灣開明書店，1980 年 1 月。

65. 《古史續辨》，劉起釪撰，北京，中國社會科學出版社，1991 年 8 月。

66. 《古代文史研究新探》，裘錫圭撰，南京，江蘇古籍出版社，1992 年 6 月。

67. 《西周史論文集（上、下冊)》，西安，陝西人民教育出版社，1993 年 6 月。

68. 《宋人疑經改經考》，葉國良撰，臺北，國立臺灣大學出版委員會，1980 年 6 月。

69. 《宋初經學發展述論》，馮曉庭撰，東吳大學中國文學研究所碩士論文，林師慶彰指導，1985 年 6 月。

70. 《偽書考五種‧朱子辨偽書語》，朱熹撰，白壽彝編，臺北，世界書局，1960 年。

71. 《明代考據學》，林師慶彰撰，東吳大學中國文學研究所博士論文，劉師兆祐、昌師彼得指導，1983 年 4 月。

72. 《明代經學研究論集》，林師慶彰撰，臺北，文史哲出版社，1994 年 5 月。

〔附緯書〕

1. 《尚書緯》，不著撰人，漢‧鄭玄注，收錄於日‧安居香山、中村璋八重修《緯書集成‧卷三》，東京，明德出版社。

二、史學類

1. 《汲冢周書》題晉·孔晁注，《四部叢刊》本（影印江陰繆氏藝風堂藏明嘉靖靖癸刊本），上海，商務印書館。

2. 《逸周書集訓校釋》，清·朱右曾撰，附錄嚴可均輯，臺北，世界書局，1980 年 11 月。

3. 《古本竹書紀年輯校訂補》，范祥雍撰，臺北，世界書局，1977 年。

4. 《皇天大紀》，宋·胡宏撰，鈔本。

5. 《西周史》，許倬雲撰，臺北，聯經出版事業公司，1993 年 2 月。

6. 《史記會注考證》，漢·司馬遷撰，臺北，洪氏出版社，1986 年 9 月。

7. 《宋史》，元·脫脫等撰，北京，中華書局，1990 年 12 月。

8. 《續資治通鑑長編》，宋·李燾撰，影印清光緒七年（1881）楊文瑩等校浙江書局刊本，配補乾隆年間四庫館臣輯明永樂大典本，臺北，世界書局，1961 年 11 月。

9. 《續資治通鑑》，清·畢沅撰，臺北，洪氏出版社，1986 年 5 月。

10. 《宋會要輯稿》，清·徐松纂輯，影印清嘉慶十四年（1809）徐松手稿本，臺北，新文豐出版公司，1976 年 10 月。

11. 《宋會要輯稿考校》，王雲海撰，上海，上海古籍出版社，1986 年 8 月。

12. 《宋史新編》，明·柯維騏撰，影印文淵閣《四庫全書》本，臺北，臺灣商務印書館，1983 年 6 月。

13. 《宋史翼》，清·陸心源撰，北京，中華書局影印光緒廿三年初刊朱印本，1991 年 12 月。

14. 《漢書藝文志注釋彙編》，漢班固撰，顧俊注釋，臺北，木鐸出版社，1983 年 9 月。

15. 《玉海（藝文部）》，宋·王應麟撰，影印元惠宗後至元三年（1337）慶元路儒學刊本。

16. 《直齋書錄解題》，宋·陳振孫撰，上海，上海古籍出版社，1987 年 12 月。

17. 《宋史藝文志補》，明·倪燦撰，清·盧文弨訂正，臺北，臺灣商務印書館，1966 年 3 月。

18. 《文獻通考經籍考》，元·馬端臨撰，上海，華東師範大學出版社，1985 年 6 月。

19. 《千頃堂書目》，清·黃虞稷撰，瞿鳳起、潘景鄭整理，上海，上海古籍出版社，1990 年 5 月。

20. 《經義考》，清·朱彝尊撰，臺北，臺灣中華書局，1979 年 2 月三版。

21. 《四庫全書總目》，清‧永瑢、紀昀等撰，臺北，藝文印書館，1989 年 1 月。

22. 《四庫提要辨證》，余嘉錫撰，臺北，藝文印書館，1989 年 1 月。

23. 《四庫全書總目提要補正》，胡玉縉撰，臺北，木鐸出版社，1981 年 8 月。

24. 《四庫提要補正》，崔富章撰，杭州，杭州大學出版社，1990 年 9 月。

25. 《續修四庫全書提要（一）》，（日）橋川時雄主編，王雲五重編，臺北，臺灣商務印書館，1972 年 3 月。

26. 《續修四庫全書總目提要（經部）》，中國科學院圖書館整理，北京，中華書局，1993 年 7 月。

27. 《續文獻通考經籍考》，臺北，新興書局，1958 年 10 月。

28. 《鐵琴銅劍樓藏書目錄》，清‧瞿鏞撰，《書目叢編》，臺北，廣文書局，1968 年 3 月。

29. 《郘亭知見傳本書目》，清‧莫友芝撰，《書目五編》，臺北，廣文書局。

30. 《天祿琳琅藏書續目》，清‧于敏中撰，《書目叢編》，臺北，廣文書局，1968 年 3 月。

31. 《善本書室藏書志》，清‧丁丙撰，《書目叢編》，臺北，廣文書局，1967 年 8 月。

32. 《皕宋樓藏書志》，清‧陸心源撰，《書目續編》，臺北，廣文書局，1968 年 3 月。

33. 《海源閣藏書目》，清‧楊紹和撰，影印光緒二十一年（1895）元和江氏師許室刊本，臺北，廣文書局。

34. 《藏園群書經眼錄》，傅增湘撰，北京，中華書局，1983 年 9 月。

35. 《內閣文庫漢籍分類目錄》，（日）內閣文庫編，臺北，古亭書屋影印，1970 年 8 月。

36. 《靜嘉堂文庫漢籍分類目錄》，（日）靜嘉堂文庫編，臺北，古亭書屋影印，1980 年 6 月。

37. 《北京圖書館古籍善本書目》，北京圖書館編，北京，書目文獻出版社，1987 年 7 月。

38. 《中國古籍善本書目（經部）》，中國古籍善本書目編輯委員會編，上海，上海古籍出版社，1990 年 2 月。

39. 《中國叢書綜錄》，上海圖書館編，上海，上海古籍出版社，1993 年 10 月。

40. 《經學研究論著目錄（1911～1987）》，林師慶彰主編，臺北，漢學研究中心，1989 年 12 月。

41. 《經學研究論著目錄（1988～1992）》，林師慶彰主編，臺北，漢學研究中

心，1995 年 6 月。

42. 《朱子學研究書目》，林師慶彰主編，臺北，文津出版社，1992 年 5 月。

43. 《水經注》，後魏・酈道元撰，清・戴震校，臺北，世界書局，1988 年 7 月。

44. 《中國歷代人物年譜考錄》，謝巍撰，北京，中華書局，1992 年 11 月。

45. 《歷代名儒傳》，清・李清植撰，北京，中國書店，1991 年 3 月。

46. 《黃宗羲全集（三～六冊）》，清・黃宗羲撰，杭州，浙江古籍出版社，1992 年 8 月。

47. 《宋元學案補遺》，清・王梓材、馮雲濠撰，張壽鏞校補，《四明叢書》本（影印張壽鏞約園刊本），臺北，世界書局，1974 年 7 月。

48. 《王安石年譜三種》，宋・詹大和等撰，裴汝誠點校，北京，中華書局，1994 年 1 月。

49. 《朱子年譜》，清・王懋竑撰，上海，商務印書館，1937 年 6 月（叢書集成初編）。

50. 《朱子大傳》，束景南撰，福州，福建人民出版社，1989 年 4 月。

51. 《朱子書信編年考證》，陳來撰，上海，上海人民出版社，1989 年 4 月。

52. 《朱子門人》，陳榮捷撰，臺北，臺灣學生書局，1982 年 3 月。

53. 《弘治八閩通志》，明・黃仲昭纂修，北京圖書館《古籍珍本叢刊》（影印明弘治四年刻本），北京，書目文獻出版社。

54. 《崇禎閩書》，明・何喬遠撰，明崇禎間刊本。

55. 《康熙福建通志》，清・金鋐、鄭開極纂修，北京圖書館《古籍珍本叢刊》（影印明弘治四年刻本），北京，書目文獻出版社。

56. 《道光福建通志》，清・孫爾準等重修，陳壽祺等纂，清同治七年刊本。

57. 《嘉靖建寧府志》，明・范嵩、汪佃纂修，影印天一閣藏明嘉靖刻本，上海，上海古籍出版社，1962 年 4 月。

58. 《嘉靖建陽縣志》，明・馮繼科纂修，影印天一閣藏明嘉靖刻本，上海，上海古籍出版社，1962 年 4 月。

59. 《嘉靖江陰縣志》，明・張袞等纂修，影印天一閣藏明嘉靖刻本，上海，上海古籍出版社，1962 年 4 月。

60. 《民國建陽縣志》，民國・趙模等修，臺北，成文出版社，1929 年。

61. 《民國崇安新志》，民國・劉超然修、鄭豐稔纂，臺北，成文出版社，1941 年。

62. 《嘉靖邵武府志》，明・陳讓纂修，影印天一閣藏明嘉靖刻本，上海，上海古籍出版社，1962 年 4 月。

63. 《乾隆光澤縣志》，清・段夢日修，清乾隆二十四年（1749）刊本。

64. 《武夷山志》，明‧董天工纂修，影印清乾隆十六年道光二十六年（1751）五夫尺木軒重刊本，臺北，成文出版社，1974 年。

65. 《康熙道州新志》，清‧張大成修，清康熙六年（1667）刊本。

66. 《光緒道州志》，清‧李鏡蓉等修，臺北，成文出版社。

67. 《古今圖書集成‧職方典》，清‧陳夢雷修，臺北，鼎文書局。

三、思想類

1. 《儒家哲學》，梁啟超撰，臺北，臺灣中華書局，1959 年 10 月。

2. 《唐代後期儒學的新趨向》，張躍撰，臺北，文津出版社，1993 年 4 月。

3. 《北宋中期儒學復興運動》，劉復生撰，臺北，文津出版社，1991 年 7 月。

4. 《北宋文化史述論》，陳植鍔撰，北京，中國社會科學出版社，1992 年 3 月。

5. 《中國哲學史（三上，宋明理學）》，勞思光撰，臺北，三民書局，1990 年 11 月。

6. 《朱子思想中「心」的意義與問題》，楊雅婷撰，臺灣大學中文研究所碩士論文，1991 年 11 月，張亨指導。

7. 《朱熹哲學研究》，陳來撰，北京，中國社會科學出版社，1993 年 3 月。

四、筆記、文集

1. 《昌黎先生集》，唐‧韓愈撰，同治己巳孟冬江蔚書局重刊本。

2. 《慶元黨禁》，題宋‧樵川樵叟撰，叢書集成新編，第二二冊，頁 430～438，臺北，新文豐出版公司，1985 年。

3. 《建炎以來繫年要錄》，宋‧李心傳撰，《叢書集成初編》本，北京，中華書局，1985 年。

4. 《建炎以來朝野雜記》，宋‧李心傳撰，《叢書集成初編》本，北京，中華書局，1985 年。

5. 《胡旦文集》，宋‧胡旦撰，四川大學古籍整理研究所編，《全宋文》，第二冊，卷五九，成都，巴蜀書社，1988 年 6 月。

6. 《司馬文正公傳家集》，宋‧司馬光撰，臺北，臺灣商務印書館，1968 年。

7. 《歐陽文忠公集》，宋‧歐陽修撰，《四部叢刊》（影印元刊本），臺北，臺灣商務印書館。

8. 《困學紀聞》，宋‧王應麟撰，清‧翁元圻注，臺北，臺灣中華書局，1982 年 10 月。

9. 《二程集》，宋‧程顥、程頤撰，臺北，漢京文化事業公司，1983 年 9 月。

10. 《二程遺書、二程外書》，宋‧程顥、程頤撰，上海，上海古籍出版社，1992 年 2 月。

11. 《近思錄》，宋‧朱熹撰，清‧江永集註，臺北，廣文書局，1981 年 7 月。

12. 《晦庵先生朱文公集》，宋‧朱熹撰，《四部叢刊》縮編本（影印明刊本），上海，商務印書館。

13. 《朱子大全》，宋‧朱熹撰，臺北，臺灣中華書局，1985 年 3 月。

14. 《朱子語類（全八冊)》，宋‧黎靖德編，王星賢點校，北京，中華書局，1986 年 3 月。

15. 《朱子四書語類》，宋‧黎靖德編，上海，上海古籍出版社，1992 年 5 月。

16. 《朱子七經語類》，宋‧黎靖德編，上海，上海古籍出版社，1992 年 5 月。

17. 《陸象山全集‧陽明傳習錄》，臺北，世界書局，1990 年 11 月。

18. 《雲莊劉文簡公文集》，宋‧劉爚撰，明弘治間劉熵刊嘉靖間增補本。

19. 《蔡氏九儒書》，明‧蔡有鵾編，清同治七年旴南蔡氏三餘書屋重刊本。

20. 《至書》，題宋‧蔡沈撰，《百部叢書集成》，第七十六部，臺北，藝文印書館，1965 年。

21. 《至書》，題宋‧蔡沈撰，《叢書集成新編》，第二二冊，頁 51～65，臺北，新文豐出版公司，1985 年。

22. 《吳都文粹選集‧崇明州學先賢祠堂記》，明‧楊維楨撰，影印文淵閣《四庫全書》本（第一三八五冊），臺北，臺灣商務印書館，1983 年 6 月。

23. 《北溪先生大全文集》，宋‧陳淳撰，宋‧李方子編，傳鈔明萬曆十三年刊本。

24. 《陳剩夫集》，宋‧陳真晟撰，《百部叢書集成》，臺北，藝文印書館，1965 年。

25. 《黃氏日抄》，宋‧黃震撰，影印日本立命館大學藏乾隆卅二年汪岱光刊本，臺北，中文出版社。

26. 《真西山文集》，宋‧真德秀撰，《四部叢刊》（影印明刊本），臺北，臺灣商務印書館。

27. 《事物紀原》，高承撰，李果訂，《叢書集成初編》據《惜陰軒叢書》排印本，北京，中華書局，1985 年新一版。

28. 《日知錄集釋》，清‧顧炎武撰，清‧黃汝成集釋，秦克誠點校，長沙，岳麓書社，1994 年 5 月。

29. 《遯齋文集》，清‧吳承志撰，清鈔本。

30. 《東塾讀書記（上冊)》，清‧陳澧撰，《萬有文庫薈要》，臺北，臺灣商務印書館。

31. 《豐鎬考信錄》，清‧崔述撰，《叢書集成初編》，上海，商務印書館，1937

年 6 月。

五、期刊論文

1. 〈尚書周誥梓材篇義證〉，程師元敏撰，《中國書目季刊》，第八卷第四期，頁 49～58，1975 年 3 月。

2. 〈尚書召誥篇義證〉，程師元敏撰，《孔孟學報》，第二九期，頁 113～138，1975 年 4 月。

3. 〈尚書無逸篇義證〉，程師元敏撰，《孔孟學報》，第三十期，頁 63～82，1975 年 9 月。

4. 〈尚書君奭篇義證〉，程師元敏撰，《國立編譯館館刊》，第五卷第一期，頁 217～238，1976 年 6 月。

5. 〈尚書呂刑篇之著成〉，程師元敏撰，《清華學報》，新十五卷第一、二期合刊，頁 1～26，1983 年 12 月。

6. 〈尚書呂刑篇義證〉，程師元敏撰，《行政院國家科學會委員會研究獎助論文》，1983 年。

7. 〈尚書寧王寧武寧考前寧人寧人前文人解之衍成及其史的觀察——併考周文武受命稱王〉，程師元敏撰，（上）《中國文哲研究集刊》，第一期，頁 255～322，1991 年 3 月：（下）《中國文哲研究集刊》，第二期，頁 199～249，1992 年 3 月。

8. 〈古文尚書之壁藏發現獻上及篇卷目次考〉，程師元敏撰，《孔孟學報》，第六十六期，頁 73～98，1993 年 9 月。

9. 〈說偽《古文尚書經傳》之流傳〉，程師元敏撰，《漢學研究》，第十一卷第二期，頁 1～21，1983 年 12 月。

10. 〈南北朝尚書學〉，程師元敏撰，《行政院國家科學委員會獎助研究論文》，1993 年度。

11. 〈論書序之著成年歲〉，程師元敏撰，《明代經學國際研討會》論文，臺北，中央研究院中國文哲研究所籌備處主辦，1995 年 12 月 22、23 日。

12. 〈唐代後期經學的新發展〉，林師慶彰撰，《中國經學史論文選集》，下冊，頁 670～677，1993 年 3 月。

13. 〈從宋明儒學的發展論清代思想史——宋明儒學中智識主義的傳統〉，余英時撰，《歷史與思想》，頁 87～119，臺北，聯經出版事業公司，1976 年 9 月。

14. 〈經學與宋明理學〉，李曉東撰，《中國經學史論文選集》（下冊），頁 1～21，臺北，文史哲出版社，民國 82 年 3 月。

15. 〈《大學》、《中庸》和宋明理學〉，吳敦康撰，《中國經學史論文選集》（下

冊），頁 113～134，臺北，文史哲出版社，民國 82 年 3 月。

16. 〈「人心之危道心之微」申義〉，戴君仁撰，《梅園論學續集》，頁 1243～
1247，未詳年月。

17. 〈宋明人論危微精一執中十六字及其證僞〉，梁世惠撰，臺灣大學中國文
學研究所碩士論文，程師元敏指導，1989 年 5 月。

18. 〈清代思想史的一個新解釋〉，余英時撰，《歷史與思想》，頁 120～156，
臺北，聯經出版事業公司，1976 年 9 月。

19. 〈東坡書傳之疑古精神〉，林麗眞撰，《孔孟月刊》，第二一卷第三期，頁
24～28，轉頁 40，1982 年 11 月。

20. 〈朱子之書學〉，錢穆撰，《朱子新學案》（第三冊），頁 83～94，臺北，
三民書局，1982 年 4 月。

21. 〈朱子的尚書學〉，李學勤撰，《朱子學刊》，1989 年第一輯（總第一輯），
頁 88～99，福州，福建人民出版社，1989 年 4 月。

22. 〈論朱子未嘗疑古文尚書僞作〉，劉人鵬撰，《清華學報》，新第二十二卷
第四期，頁 399～430，1992 年 12 月。

23. 〈考亭學派〉，劉樹勛撰，閩學源流，頁 327～440，福州，福建教育出版
社，1993 年 12 月。

24. 〈福建籍朱熹門人對閩學思想體系的貢獻〉，《閩學概論》，高令印、蔣步
榮撰，頁 65～72，九龍，易通出版社，1990 年 10 月。

25. 〈書集傳（提要）〉，吳哲夫撰，《故宮季刊》，第九卷第三期，頁 59～61，
1975 年春季號。

26. 〈影印宋本《朱文公訂正門人蔡九峰書集傳》說明〉，丁瑜撰，〈朱文公訂
正門人蔡九峰書集傳〉，頁 1～4，北京，中華書局，1987 年 9 月。

27. 〈宋刻《蔡九峰書集傳》與《春秋公羊經傳解詁》〉，丁瑜撰，《文獻》，1988
年第四期（總第三十五期），頁 231～233，1988 年 10 月。

28. 〈朱文公訂正門人蔡九峰書集傳〉，李致忠撰，《文獻》，1992 年第四期（總
第五十四期），頁 175～181，1992 年 10 月；《宋版書敘錄》，頁 66～70，
北京，書目文獻出版社，1994 年 6 月。

29. 〈朱熹蔡沈師弟子書序辨說版本徵孚〉，程師元敏撰，《經學研究論叢》，
頁 37～80，1995 年 10 月。

30. 〈閩學干城——蔡元定與蔡沈〉，侯外廬、邱漢生、張豈之撰，《宋明理學
史》，頁 517～538，北京，人民出版社，1984 年。

31. 〈蔡沈的哲學思想〉，高令印、陳其芳撰，《福建論壇》（文史哲版），1984
年第六期，頁 21～24，1984 年 12 月。

32. 〈蔡元定、蔡沈〉，高令印、陳其芳撰，《福建朱子學》，頁 87～108，福
州，福建人民出版社，1986 年 10 月。

33. 〈蔡元定和蔡沈的河洛之學〉，朱伯崑撰，《易學哲學史》（中冊），頁 394
～425，北京，北京大學出版社，1998 年 1 月。

34. 〈邵雍蔡沈理數哲學爭議〉，簡明撰，《華中師範大學學報》（哲學社會科
學版），1994 年第五期，頁 75～79，1994 年 10 月。

35. 〈朱震和蔡元定、蔡沈的哲學思想〉，石訓等撰，《中國宋代哲學》，頁 1273
～1321，鄭州，河南人民出版社，1992 年 12 月。

36. 〈尚書蔡傳匡謬篇〉，宋鼎宗撰，成功大學學報，《成功大學學報》（人文
篇），第十四卷，頁 99～122，1979 年 5 月。

37. 〈蔡沈書集傳之研究論著述評〉，古國順撰，《臺北師專學報》，第十二期，
頁 77～95，1980 年 6 月。

38. 〈明人對蔡沈〈書集傳〉的批評初探〉，蔣秋華撰，《明代經學國際研討會》
論文，臺北，中央研究院中國文哲研究所籌備處主辦，1995 年 12 月 22、
23 日。

39. 〈明代政治與經學：周公輔成王〉，（美）艾爾曼撰，《明代經學國際研討
會》論文，臺北，中央研究院中國文哲研究所籌備處主辦，1995 年 12 月
22、23 日。

40. 《《五經大全》纂修人考述〉，陳恆嵩撰，《經學研究論叢》，第二輯，頁 1136，
1995 年 10 月。

41. 《《書傳大全》取材來源探究〉，陳恆嵩撰，《明代經學國際研討會》論文，
臺北，中央研究院中國文哲研究所籌備處主辦，1995 年 12 月 22、23 日。

42. The Inter-Reltion Between Changes In Ch`ing Classsical Studies & Changes
In Policy Questions on Civil Examinations Benjamin A. Elman 清代經學國
際研討會論文集，頁 33～102，臺北，中央研究院中國文哲研究所籌備處，
1994 年 6 月。